«¡Por fin un libro sobre *foodtech*! Es una obra muy completa para entender la situación actual de la industria en todo el mundo, descubrir las oportunidades que nos brinda y comprender hacia dónde va el futuro de la alimentación a través de numerosos ejemplos. Con este libro, Beatriz Romanos ha dado un gran paso en la necesaria divulgación de esta industria».

Estefanía Erro
Directora de Marketing e Innovación en el Centro Nacional
de Tecnología y Seguridad Alimentaria (CNTA)

«El libro *Foodtech* de Beatriz Romanos contiene una útil, completa e ingente información sobre el universo de las *foodtech,* tan cambiante y extenso que solo de una forma sistemática, ordenada y holística, como se plasma en el libro, puede hacerse accesible a los profesionales del ámbito agroalimentario».

Jorge Jordana
Presidente de la plataforma tecnológica Food for Life y fundador
y miembro del consejo rector del Centro Nacional de Tecnología
y Seguridad Alimentaria (CNTA)

«La obra de Beatriz es fundamental para poner en valor y comprender el desarrollo del ecosistema *foodtech* y el papel dinamizador de la industria alimentaria. Es una lectura esencial para todos los operadores e instituciones públicas y privadas que trabajamos en este sector».

María Naranjo
Directora de la Industria Alimentaria en ICEX España
Exportación e Inversiones, E. P. E.

BEATRIZ ROMANOS

FOODTECH

· LA GRAN REVOLUCIÓN DE LA INDUSTRIA AGROALIMENTARIA ·

MADRID | CIUDAD DE MÉXICO | BUENOS AIRES | BOGOTÁ
LONDRES | NUEVA YORK
SHANGHÁI | NUEVA DELHI

Colección Acción Empresarial de LID Editorial
www.LIDeditorial.com

A member of:

businesspublishersroundtable.com

© Beatriz Romanos Hernando 2022
© Editorial Almuzara S.L. 2022 para LID Editorial, de esta edición.

EAN-ISBN13: 978-84-11310-20-8
Directora editorial: Laura Madrigal
Corrección: Cristina Matallana
Maquetación: produccioneditorial.com
Diseño de portada: Juan Ramón Batista
Fotografía de portada: Adobe Stock/phonlamaiphoto-stock.abobe.com
Impresión: Cofás, S.A.
Depósito legal: CO-716-2022

Impreso en España / Printed in Spain

Primera edición: mayo de 2022

Te escuchamos. Escríbenos con tus sugerencias, dudas, errores que veas o lo que tú quieras. Te contestaremos, seguro: *info@lidbusinessmedia.com*

A Esperanza, el principio de todo;
a Javier, el presente continuo, y
a Ibai, en cuyas manos y las de su generación
confío el futuro.

ÍNDICE

AGRADECIMIENTOS

Me gustaría agradecer a LID Editorial su confianza y todo su apoyo durante el proceso de creación de este libro. Nuestro encuentro fue fruto de una feliz serendipia. El trabajo con Laura, Fátima, Gema y Cristina ha sido crucial no solo para hacer realidad este proyecto, sino para mejorarlo, pulirlo y hacerlo más comprensible y atractivo.

También quiero dar las gracias a las *startups* que protagonizan la industria y que retrato aquí, porque su impulso y pasión son contagiosas. A muchas las he visto nacer, crecer, alcanzar el éxito, pasar por momentos duros o incluso desaparecer, pero siempre me han abierto sus puertas para compartir conmigo sus historias y su conocimiento. Con algunos de los emprendedores que aparecen citados me une algo más parecido a la amistad que una relación profesional. Estas páginas son un homenaje a todos ellos.

Gracias a las muchas y sabias personas que generosamente han compartido su tiempo conmigo, que me han aportado valiosos consejos y contribuciones y me han ayudado a contrastar ideas o a validar información científica. Sus apuntes, sugerencias y correcciones han sido de incalculable valor. De todas he aprendido mucho y bueno. Especialmente quiero dar las gracias a Estefanía Erro (CNTA), por su visión amplia y profunda de todos los sectores; a Inés Echeverría (CNTA), por ayudarme a entender y explicar los complejos pero apasionantes procesos biológicos que describo en este libro, a Jorge Jordana, decano de la industria alimentaria de nuestro país, por su tiempo, su atención al detalle, su espíritu crítico y su inmensa humanidad y generosidad y a Francisco Palao por su inspiración en muchos aspectos. También, al profesor Salvador Calvet (Universidad Politécnica de Valencia), Sejal Ravji (Pascual), Roselyne Chane (SanyGran), Rogelio Pozo (AZTI), Santiago Aliaga (Zyrcular Foods), María Naranjo (ICEX), Manel Morillo (Con Gusto), José Miguel Flavián (Retail in Detail), Pedro Álvarez (-ivoro), Chema Cobo (Inside Food), Mila Valcárcel (Eatable Adventures), José de Isasa (Eatable Adventures), Miguel Ángel Comín (Porcinnova), José Carlos Arnal (PCTAD), Nadav Berger (PeakBridge), Beatriz Jacoste (KM Zero), Eduardo Cotillas (FIAB), María Iriarte (Sodena), Anna Carabús (IRTA), José Ignacio Barriobero (CTIC-CITA), José Peláez (Basque Culinary Center), Noemí de la Fuente (Basque Culinary Center), Clara Bartra (Forward Fooding), Carlos Gómez (Cheerfy), Mariette Abrahams (Qina), Berta López (Casiopea), Beatriz Pérez y muchos otros.

Y, por supuesto, gracias infinitas a Javier, por su apoyo incondicional, su inspiración, su ayuda y su paciencia, sin los que ni este libro ni muchas otras cosas serían posibles. Gracias por acompañarme en este apasionante, intenso y absorbente camino.

INTRODUCCIÓN
RETOS DEL SISTEMA DE ALIMENTACIÓN

«Esta es tu última oportunidad. Después ya no podrás echarte
atrás. Si tomas la píldora azul, fin de la historia.
Despertarás en tu cama y creerás lo que quieras creerte.
Si tomas la roja, te quedarás en el país de las maravillas y yo
te enseñaré hasta dónde llega la madriguera de conejos».

Matrix (1999)
Lana y Lilly Wachowski

El año 2050 es una fecha simbólica, como lo fue 2000; una referencia temporal alrededor de la cual intentamos imaginar cómo será nuestra vida a partir del conocimiento actual de tendencias y avances tecnológicos o científicos en desarrollo. El mundo de la alimentación no es ajeno a esta fiebre anticipatoria: todos queremos saber cómo y qué comeremos en el futuro, cómo lo produciremos, qué efecto tendrá en nuestra salud, cómo cambiará el mundo gracias a ello y, no menos importante, cómo podremos hacer negocio con todo esto.

Según lo optimista que seas el resultado de esta proyección puede ser muy diferente. Como Morfeo explica a Neo en la película *Matrix,* es posible elegir la píldora azul del «hacer las cosas como siempre» o la roja del «país de las maravillas y la madriguera del conejo» de Lewis Carrol.

La pastilla azul: ¿cómo será 2050 en relación con la alimentación si nos mantenemos como siempre lo hemos hecho?

En 2050 la Tierra estará habitada por entre 9700 y 10 000 millones de personas (ahora somos unos siete mil millones). Para alimentarlas a todas, habremos necesitado producir un 70 % más de alimentos con unos recursos equivalentes a 1.7 planetas Tierra. Para ello, habremos aumentado la cantidad de tierras de cultivo un tamaño superior a Reino Unido y perdido más de diez veces esa superficie (275 millones de hectáreas) de selvas y zonas salvajes. El cambio climático habrá seguido su curso sin dificultades. Habrá aumentado el estrés hídrico, por lo que la dificultad de acceder al agua será palpable no solo en el campo, sino también en las zonas urbanas. La temperatura habrá subido unos 3.2 grados y serán más frecuentes fenómenos graves de sequías, incendios y otros patrones destructivos impredecibles. La producción de alimentos, a pesar de todos estos esfuerzos, habrá ido declinando entre un 2 y un 6 % cada década[1] debido a la degradación del suelo, las sequías y el incremento del nivel del mar. Nuestros mares habrán ido perdiendo un 11 % de capturas anuales, y los pescadores encontrarán en sus redes más plásticos que peces. Entre cincuenta y setecientos millones de personas se habrán visto forzadas a abandonar sus hogares únicamente como consecuencia de la degradación del suelo[2]. En el tablero geopolítico las fichas clave serán el agua y la soberanía alimentaria. Se habrá creado una nueva categoría de migrantes forzosos: los «refugiados del clima». El hambre y la desnutrición nunca habrán bajado del 10 % de la población total. Entre tanto, más de un tercio de la población padecerá diabetes y habrá más niños obesos que hambrientos. La obesidad será la auténtica pandemia del siglo XXI, pues afectará a más de 230 millones de personas, de las que morirán más de tres millones cada año.

¿Y si tomamos la pastilla roja?

La Unión Europea seguirá existiendo y habrá logrado su objetivo de ser climáticamente neutra, arrastrando con su decisión a otras regiones. Al reducir drásticamente el uso de plaguicidas y fertilizantes, la salud de los suelos de cultivo se habrá recuperado; incluso la cuarta parte se dedicarán a la agricultura ecológica.

La aplicación de soluciones de agricultura de precisión y de agricultura inteligente *(smart farming)*, la robotización, la popularización de sistemas de cultivo vertical *(vertical farming)* y de agricultura regenerativa y el éxito de la biología sintética habrán incrementado la productividad sin necesidad de añadir más superficie de cultivo.

En los supermercados encontraremos no solamente hamburguesas, sino filetes, entrecots, pescado y marisco creados mediante cultivo celular o molecular o con técnicas de fermentación de precisión. Los sistemas para producirlos habrán reducido sus costes hasta tal punto, que se habrán popularizado en todos los continentes, y podrán llegar millones de toneladas de carne, pollo, pescado, leche y huevos alternativos a todos los países a precios asequibles para toda la población, sustituyendo un porcentaje importante del suministro de proteínas procedentes de animales. El ganado todavía existente contará con urinarios adaptados que habrá aprendido a utilizar con una combinación de adiestramiento e implantes. Sus deyecciones se recogerán antes de llegar al campo y se reconvertirán en abono, energía y otros productos de utilidad que generarán ingresos adicionales a los ganaderos y permitirán contener los precios de la carne producida con esta técnica ancestral.

En las mismas estanterías de proteínas encontraremos alternativas de origen vegetal cuyos sabor, textura y propiedades nutricionales no tendrán nada que envidiar a los alimentos originales que emulan, ya que la inteligencia artificial (IA) habrá logrado encontrar en las plantas los ingredientes perfectos para engañar a nuestra boca y a nuestro cerebro. Esta tecnología nos habrá ayudado a descubrir un centenar de cultivos diferentes con propiedades nutritivas y organolépticas valiosas. Será una nueva «revolución verde», que empleará de forma digna a millones de nuevos agricultores en zonas antes despobladas de todo el mundo.

No siempre será necesario ir al supermercado porque todos los hogares contarán entre sus electrodomésticos con impresoras 3D que producirán platos personalizados según los gustos y necesidades de salud de cada miembro de la familia. Y cuando sea necesario hacer la compra, nuestra nevera hará el pedido automáticamente. Eso sí, los días de partido seguirán siendo días de *pizza,* que nos entregará en su punto Donny, el dron-horno de la compañía de *delivery* que formaron las tres grandes operadoras que terminaron copando el mercado.

No habrá personas que sufran hambre o desnutrición. La diabetes será solo una enfermedad hereditaria bajo control, aunque el ejercicio tendremos que seguir haciéndolo nosotros.

¿De qué futuro te gustaría formar parte?
¿Cuál es el mundo que quieres sostener?[3]

La industria *foodtech* nace como respuesta a todos estos retos. Las tecnologías y biociencias disruptivas son las principales aliadas para ayudarnos a crear las herramientas, las innovaciones, los productos, los procesos y los modelos de negocio con los que enderezar el camino y crear entre todos un mundo brillante de oportunidades.

Qué encontrarás en este libro

Verás la confluencia de factores que han hecho emerger la industria *foodtech,* que se ha aupado como un sector de referencia de innovación y oportunidades.

El sistema alimentario aporta un valor incuestionable para la sociedad y la economía. No solo es una actividad esencial que garantiza el acceso a la nutrición a las personas, sino una de las principales industrias en el ámbito global, que mueve un trillón de dólares anualmente y representa el 3 % de la economía global y el 10 % del PIB en España.

Pero, a la vez, el sistema alimentario se enfrenta a retos insoslayables. El crecimiento de la población y los cambios en los hábitos alimenticios de los países tensionan la capacidad de producción de alimentos. A pesar de los esfuerzos y avances en optimización, estamos presionando los recursos hasta sus límites en un camino que entronca con desafíos globales como el cambio climático, la biodiversidad y la salud del planeta, de sus suelos y de las personas que lo habitan.

Algunos de estos problemas vienen de lejos, y llevamos tiempo discutiendo fórmulas y soluciones. Además, el sistema alimentario ha de lidiar con lo inesperado. España ha sido reconocida, junto a Canadá, como uno de los países cuya cadena alimentaria fue más resiliente durante la pandemia por la COVID-19, pero muchos mercados se vieron afectados por graves disrupciones, con cierre de plantas, falta de suministro, desabastecimiento, etc.

El hambre y la desnutrición en el mundo, agravadas por esta crisis sanitaria mundial, que roza el 10 % de la población, y el desperdicio alimentario siguen siendo, más que retos, auténticos dramas insoportables.

Mientras todo esto ocurre, vivimos un momento de explosión de tecnologías digitales, físicas y biológicas que está transformando radicalmente el mundo, de la IA a la ingeniería genética, la neurociencia o los metaversos. Pero lo más importante es que esta revolución tecnológica resulta completamente distinta a las anteriores por su velocidad, alcance e impacto en todos los sectores.

Lógicamente la industria de la alimentación no escapa a este tsunami. Quizás ha entrado algo más tarde en este proceso en comparación con otras, como las finanzas, el transporte o el turismo, pero lo ha hecho con tal fuerza y empuje, que supone ya un movimiento imparable. Y es así, en parte gracias a una nueva generación de emprendedores, que han prendido la mecha de la revolución *foodtech*. Ajenos a la industria alimentaria, acceden a ella desde mundos completamente diferentes, como la ciencia y la investigación en salud humana, la tecnología, la antropología o incluso el activismo animal o medioambiental; y lo hacen sin bagaje del sector y, quizás por ello, sin el lastre de una mentalidad encasillada en la forma habitual de hacer las cosas. Se trata de visionarios o locos que se sienten impelidos a utilizar todas esas herramientas que la tecnología pone en sus manos para resolver problemas o, simplemente, para demostrar que podemos expandir las fronteras de lo posible, desde ir a Marte hasta crear carne sin vacas. Armados de un propósito, una pasión sin fronteras, una visión y, no menos importante, la capacidad de convertir todo esto en modelos de negocio potencialmente rentables, han logrado impulsar la industria *foodtech* y contagiar a empresas, inversores y gobiernos.

Este libro es el resultado de años de trabajo en el sector tecnológico y de mi implicación en esta industria desde sus primeros pasos en nuestro país. Fundar la primera publicación especializada me ha dado la oportunidad de conocer de primera mano centenares de proyectos; ver evolucionar las iniciativas, nacer nuevas categorías y decaer otras, analizar las tendencias y compartirlas con quienes están ávidos de ese conocimiento. Conozco personalmente a buena parte de las *startups* y de los emprendedores que aparecen mencionados en esta obra. He probado sus productos o visitado sus centros de investigación; hemos compartido ferias, viajes, catas y también algunos sinsabores. He conversado con investigadores, empresas, inversores e incluso con aquellos que no consideraban la industria *foodtech* un nicho atractivo.

En paralelo, he ido desarrollando otra faceta enfocada al mundo de la innovación, tratando de profundizar en los procesos y las vías que llevan a la disrupción. En mi actividad como mentora y *coach* de innovación, me empeño en trasladar las enseñanzas y metodologías propias de Silicon Valley a un sector tan tangible y experiencial como es la alimentación. Y he tenido la suerte de ponerlo en práctica con *startups,* empresas y aceleradoras y seguir aprendiendo de todos.

El libro que tienes en las manos es el fruto de estas experiencias y pasiones: la alimentación, como fuente de salud, energía y placer; la innovación y los entornos de emprendimiento capaces de transformar el mundo y tener un impacto en nuestras vidas, y la divulgación.

La transición de la economía mundial hacia un modelo que se acerque a los Objetivos de Desarrollo Sostenible o de neutralidad de carbono requiere cambios radicales en todas las industrias, incluida la de la alimentación. Y no habrá una solución única, sino que serán necesarios múltiples abordajes, donde la tecnología, sin duda, desempeñará un papel clave.

Nuestro sector alimentario es un referente internacional tanto por producto como por gastronomía, y el auge de ese complemento que es la industria *foodtech* constituye una oportunidad indudable para mantenerlo en esa posición de liderazgo e incluso para hacerlo avanzar y poner su granito de arena en este punto de inflexión que nos toca vivir.

Las *startups foodtech* han tenido un papel fundamental como disruptores e incluso agitadores de esta industria y lo van a seguir teniendo. La buena noticia es que su impulso ha conseguido ligar todo un ecosistema altamente nutritivo de empresas, centros de innovación, inversores, centros de conocimiento, etc., que se necesitan y se complementan entre sí y, lo más importante, que están dispuestos a trabajar de forma colaborativa, aportando y compartiendo lo mejor de cada uno para resolver los problemas descritos y aprovechar de la forma más efectiva esas prometedoras tecnologías, definiendo modelos de negocio viables, atractivos y justos para todos y poniendo siempre en el centro a ese consumidor consciente.

En estas páginas encontrarás detalles de los retos y de las tecnologías que más están influyendo en el sector de la alimentación o que tienen mayor potencial. Conocerás a algunos de estos emprendedores de nuevo cuño, sus motivaciones y cómo han logrado revolucionar algunas categorías de alimentos, y los modelos de negocio que han triunfado. Entrarás en contacto con conceptos que se están fraguando ahora mismo, como el modelo de alimento como *software* (*Food-as-Software*), fermentación de precisión o cultivo molecular.

Espero que te resulte ameno e interesante y que sea la primera semilla para adentrarte en un mundo apasionante que no ha hecho más que empezar y que promete aportarnos muchos avances, soluciones y oportunidades.

1

TECNOLOGÍAS HABILITADORAS: EL INGREDIENTE CLAVE DE LA INDUSTRIA *FOODTECH*

«La Cuarta Revolución Industrial será distinta a cualquier cosa que el género humano haya experimentado antes por su velocidad, alcance e impacto en los sistemas sin precedentes en la historia... Y está interfiriendo en casi todas las industrias de todos los países».

Klaus Schwab,
director del Foro Económico Mundial

1. La convergencia tecnológica que está transformando el mundo tal y como lo conocemos

Uno de los aspectos más importantes de la revolución en la que estamos inmersos es que no se define por un conjunto de tecnologías emergentes en sí mismas, sino por su encuentro, su combinación y un efecto multiplicador que representa un auténtico cambio de paradigma[1]. Hablamos de tecnologías como la inteligencia artificial (IA), impresión 3D, drones y vehículos autónomos, Internet de las cosas (IoT), realidad virtual, robótica, computación cuántica, computación en la nube, computación infinita, bioinformática, neurociencia, ingeniería genética, biología sintética, medicina digital, nanomateriales, interfaces cerebro-computadora, etc. Como explica Ray Kurzweil[2], la mayoría de estas tecnologías se basan en el acceso a la información, por lo que cumplen e incluso superan los patrones de duplicación de la ratio precio/rendimiento que identificó la ley de Moore[3] para el campo de los semiconductores. Y, una vez que comienzan estos patrones, no se detienen, ya que usamos ordenadores actuales para diseñar máquinas más rápidas, que a su vez construyen los ordenadores más veloces, y así sucesivamente.

Por ejemplo, los drones duplican su relación rendimiento/precio cada nueve meses, el doble de rápido que la mencionada ley de Moore; es decir, cada nueve meses son capaces de soportar el doble de peso con la mitad de coste.

2. Tecnologías con más impacto en la industria *foodtech*

Inteligencia artificial

Considerada por algunos la electricidad del siglo XXI[4], podemos definirla como «la capacidad de un sistema para interpretar correctamente datos externos, aprender de ellos y emplear esos conocimientos para lograr tareas y metas concretas a través de la adaptación flexible»[5]. O, dicho de otro modo, es la capacidad de una máquina para imitar funciones cognitivas que los humanos asocian a las mentes humanas, como percibir, razonar, aprender o resolver problemas.

Las aplicaciones particulares de la IA incluyen sistemas expertos, reconocimiento de voz y visión artificial o computacional, e incluso sistemas de automatización de procesos robóticos. Aunque en el nacimiento de la disciplina ya se apuntaba su gran potencial, ha ganado preeminencia con la explosión de la tecnología *big data,* la ingente cantidad de datos generados por la revolución digital y el abarata-miento e incremento de la capacidad de computación.

Como vemos, la IA recorre transversalmente todas las áreas y co-necta múltiples disciplinas. Estas son algunas de las aplicaciones en la industria *foodtech:*

- **Desarrollo de plataformas para el diseño de proteínas.** Di-versas *startups* han desarrollado sistemas de IA para identifi-car, analizar diferentes componentes del mundo vegetal a nivel molecular y proponer, basándose en esa información, nuevas fórmulas que permitan imitar las propiedades organolépticas y nutricionales de los productos de origen animal. Se trata de una de las técnicas más prometedoras para avanzar en el concepto de mimetización completa *(fully-mimic)* con el que trabaja la industria de las proteínas alternativas. Entre estas *startups* en-contramos el primer unicornio[6] chileno, NotCo, y su algoritmo Giuseppe, donde ha invertido el fundador de Amazon, Jeff Be-zos. Por su parte, Protera es una *startup* que utiliza la IA para examinar las combinaciones de aminoácidos, predecir sus pro-piedades y diseñar proteínas a gran velocidad y con gran preci-sión. Otras empresas utilizan técnicas similares para identificar elementos en el mundo vegetal con propiedades funcionales o, como describe Sofía Elizondo, cofundadora de Brightseed, «iluminar conexiones escondidas entre los alimentos y las per-sonas». Resulta una forma muy poética de explicar cómo la IA permite conectar con una abundancia de componentes del mundo vegetal y gestionarlos para crear algo nuevo. Esta tec-nología se convierte así en una herramienta que desbloquea el enorme potencial del reino verde.
- **Optimización de los sistemas de fermentación.** Lo veremos con detalle en el capítulo dedicado a este tema; baste apuntar aquí que esta tecnología es estratégica para manejar la ingente cantidad de datos obtenidos mediante técnicas genéticas o de las ciencias ómicas para seleccionar las mejores cepas de cultivo y anticipar modelos de producción.
- **Anticipo de plagas y previsión de la productividad de una co-secha.** Estos datos son clave para la toma de decisiones no solo en el campo, sino en toda la cadena de suministro. Por ejemplo,

como veremos más adelante, la compañía andaluza ec2ce, gracias a la analítica predictiva y al uso de herramientas innovadoras de salud vegetal, permite anticiparse al efecto de las plagas y enfermedades en cultivos como el olivo, la naranja o la vid y desarrollar previsiones de productividad de las plantaciones mediante la alerta temprana de su aparición y evolución por parcela.

- **Previsión de la demanda.** Planificar la producción, las compras y toda la operativa logística de las empresas de alimentación es un sistema complejo. Optimizarlo conociendo cómo se comportará la demanda es lo que promete la herramienta de inteligencia artificial diseñada por la *startup* española Factic.

- **Eficiencia industrial.** Es uno de los campos fundamentales de aplicación de la IA, complementada con sistemas de visión artificial o con las tecnologías periféricas que veremos más adelante. Permite evolucionar de ciertos automatismos que ya se han ido aplicando en la industria a una gestión realmente inteligente en la que las máquinas de una línea de montaje puedan, por ejemplo, pasar de identificar comportamientos anómalos o predecir averías a hacer recomendaciones o incluso a tomar decisiones automáticamente para mejorar la eficiencia, la estabilidad, la disponibilidad de los equipos o resolver cuestiones de seguridad alimentaria. Un ejemplo de esta evolución hacia la verdadera Industria 4.0 es el programa Alimente 21, liderado por Raventós-Codorníu.

- **Gestión de turnos de empleados.** Es uno de los grandes retos de la hostelería, en la que las condiciones son variables e imprevisibles también de forma habitual. Consiste en ajustar el número de personas de servicio óptimo en cada momento. En el capítulo 9, «Innovaciones en supermercados y restaurantes», veremos con mayor detalle cómo la empresa española Mapal Software ha sido pionera en la creación de un sistema de IA para optimizar esta tarea.

Big data

La disciplina de los macrodatos o datos masivos, popularmente conocida como *big data,* está íntimamente ligada a la IA; de hecho, es el combustible del que se nutre para operar. Considerado «el petróleo» o «el oro» del siglo XXI, se trata del análisis masivo de datos, cuyo volumen, variabilidad y velocidad de crecimiento (tres de las conocidas como las 5V del *big data*[7]) son tan grandes, que las aplicaciones de *software* tradicionales no son capaces de capturarlos, tratarlos y ponerlos en valor en un tiempo razonable.

Podemos ver un ejemplo de la abundancia de datos desestructurados que pueblan nuestro universo gastronómico en la ingente cantidad de comentarios sobre restaurantes y alusiones sobre lo que comen las personas en las redes sociales. Delectatech, una *startup* con sede en Barcelona, «radiografía» el sector de la restauración a través del análisis de los 1.5 millones de comentarios que lee cada mes en España. Gracias a ello, puede adivinar tendencias de consumo y comportamientos de los usuarios, muy útiles para restauradores y marcas de alimentación. La israelí Testwise también trabaja en esta línea analizando cientos de miles de cartas, menús, recetas y publicaciones en redes sociales, y hasta la oferta de las empresas de entregas o reparto a domicilio (*delivery*).

Internet de las cosas

La reducción del coste de los sensores, la mejora de la conectividad y las tecnologías en la nube *(cloud computing)* y periféricas *(edge computing)* han facilitado la explosión del IoT (interconexión digital de dispositivos u objetos a través de una red donde podrán ser visibles e intercambiar datos sin necesidad de intervención humana). Es una de las tecnologías más prometedoras en el ámbito de la agricultura, y podemos encontrarla desde en la sensorización de cultivos o instalaciones agropecuarias para monitorizar su evolución o las condiciones ambientales hasta en dispositivos portables (*wearables*) para el ganado que permiten vigilar su estado de salud o incluso detectar cuándo una vaca de pasto se encuentra próxima a dar a luz solamente por la forma de moverse.

Otro gran campo de aplicación es la cocina inteligente, ese lugar en el que nuestros electrodomésticos estarán dotados de sensores (temperatura, reconocimiento de imagen, etc.) y podrán utilizar esta información para cocinar prácticamente solos o prepararnos la lista de la compra con los productos que nos faltan.

El IoT está íntimamente ligado al *big data* y a la IA, ya que genera diariamente trillones de *bytes* de datos que es necesario procesar y analizar en tiempo real.

Automatización y robótica

Estas tecnologías pueden aplicarse en toda la cadena de valor alimentaria y suponen un gran potencial para mejorar la eficiencia, la optimización y la consistencia de los procesos, pero también la seguridad para los empleados, pues constituyen una alternativa para labores duras, ergonómicamente perjudiciales o incluso peligrosas para los humanos. Entre sus retos se encuentra trabajar con componentes y piezas que no son uniformes en forma, peso y textura, como puede ocurrir en automoción o farma, donde los robots están plenamente instaurados. Los robots, sean agricultores o cocineros, tienen que desarrollar, además, un excepcional sentido de la visión y del tacto para trabajar con los alimentos que vamos a poner en nuestro plato y también contar con capacidad colaborativa para trabajar de forma segura junto a las personas.

El sector primario y la agricultura son campos propicios para incorporar robots y sistemas automatizados. Las oportunidades en el sector agrícola son infinitas: desde gigantes tractores autónomos, capaces de sembrar o cosechar sin intervención humana, o robots como los de la empresa Root AI, que pueden identificar y recolectar con tacto frutos tan delicados como las fresas, hasta enjambres de microdrones que polinicen las plantas ante la reducción de la población de abejas.

En los centros de procesado, los robots ayudan en materia de seguridad, tanto en cuanto a lo que se elabora como a los empleados de las cadenas de producción. Tristemente comprobamos lo necesarias que son estas tecnologías durante la pandemia, cuando un número considerable de centros se vieron afectados, especialmente en países como Alemania o EE. UU., donde nada menos que 59 000 empleados contrajeron la COVID-19[8], lo que provocó cierres de instalaciones e importantes retrasos en el suministro. A partir de entonces, el interés por soluciones robóticas y la inversión en este tipo de tecnologías se ha incrementado. Tyson Foods, uno de los tres mayores productores de carne de EE. UU., está invirtiendo 1300 millones de dólares en robótica y en la automatización de sus plantas de procesado de pollo para reemplazar los puestos más difíciles de cubrir, garantizar su capacidad productiva y reducir unos 450 millones de dólares los costes.

El auge del *delivery* y de los sistemas de conveniencia ha obligado a repensar los sistemas logísticos para hacerlos más flexibles y rápidos.

Estamos viendo el despegue de microplataformas logísticas ubicadas en zonas urbanas *(micro-fulfillment)* semi o completamente automatizadas pensadas para dar servicio a estos nuevos canales. El restaurante es el último eslabón de la cadena. Aquí se llevan la fama y el efecto *WOW* los robots humanoides dotados de brazos articulados que preparan un ramen en segundos o sirven cervezas perfectas tipo Moley Robotics, Macco Robotics o BR5. Aunque con menos *glamour,* tienen, de momento, más presencia sistemas centrados en tareas mecánicas de poco valor añadido o peligrosas, como girar hamburguesas o freír (como hace el robot Flippy, de Miso Robotics) o amasar y mover las *pizzas* en el horno (Picnic Robot puede montar doscientas *pizzas* en 1 hora). Y ya podemos ver robots *runners* que transportan platos de la cocina a la mesa... Son los primeros y tímidos pasos.

Blockchain

Es una tecnología que originariamente se concibió para el sector financiero y las criptomonedas. Sin embargo, su concepción como una base de datos distribuida e inmutable ofrece una manera de que partes que no se conocen o que no tienen por qué confiar entre ellas, alcancen un consenso sobre una historia digital común, por ejemplo en las operaciones de compraventa. Y esto es importante ya que los archivos y transacciones digitales son, en teoría, fácilmente falsificables o duplicables. La tecnología *blockchain* teóricamente puede resolver este problema sin necesidad de utilizar un intermediario (una entidad certificadora) para dar confianza a las transacciones. Por este motivo, se ha convertido también en objeto de deseo para la industria alimentaria, que ve en ella una oportunidad para abordar definitivamente el reto de la transparencia, la trazabilidad, la lucha contra el fraude y la seguridad alimentaria. De hecho, la consultora Deloitte la describe como una tecnología clave para lograr la «transparencia radical»[9]. Si bien para cumplir su promesa *blockchain* requiere esa digitalización de todos los ítems que deseamos incluir en esa historia digital común. Por ejemplo, si queremos trazar si un cultivo se ha tratado con determinados insumos o un animal ha recibido antibióticos, no valdrá con que una persona lo afirme; será necesario digitalizar y monitorizar de alguna forma ese terreno o ese animal, para que su información sea fiable. Por ello, para que sea realmente una solución completa de trazabilidad, *block-chain* ha de complementarse con otras tecnologías, como IoT o sistemas de imagen computarizada.

Gracias a estas iniciativas, los consumidores podremos informarnos con garantías del recorrido completo del producto que llevamos a casa: desde el pienso que ha alimentado al ganado, la granja donde estuvo y cómo se crio hasta la instalación en la que su carne se convirtió en un delicioso embutido; podremos conocer con seguridad si nuestro jamón es de Jabugo y 100 % ibérico; si el sonrojado atún que nos sirven salió de una almadraba gaditana, etc.

Se trata de una revolución de gran influencia en muchas áreas, como los sistemas de calidad certificada (como las denominaciones de origen), que deberán repensar su sentido y sus funciones.

La tecnología *blockchain* también es la base de los sistemas de tokenización de activos[10]. En el caso del mundo *agrifood,* se están empleando tokens para registrar la captura de carbono de los terrenos de cultivo y convertirlos en fuentes de ingresos para los agricultores, un mercado todavía muy incipiente y complejo. Pero la aprobación de la Carbon Farming Initiative (CFI) de la UE en diciembre de 2021, cuyo ambicioso objetivo es llevar al sector a la neutralidad climática en 2035, supondrá un espaldarazo a este tipo de soluciones. Según Frans Timmermans, vicepresidente de la Comisión Europea, «con la agricultura de carbono la acción climática se convierte en una oportunidad de negocio».

Asistentes de voz y chatbots

Actualmente estamos más que familiarizados con los asistentes de voz *(voice bots),* sean Siri, Alexa, Cortana o Google Assistant. Son sistemas de *software* con los que podemos interactuar mediante la voz para ayudarnos con diversas tareas. Se trata de un tipo de interfaz con muchas ventajas, sencillas e intuitivas de utilizar, que no requieren tocar o manipular un dispositivo, que permiten «humanizar» estas tareas y que están disponibles 24 horas al día. Su evolución acercándose a las capacidades cognitivas humanas avanza a paso firme. En 2018 el presidente de Google, Sundar Pichai, causó auténtica sensación durante su Conferencia de desarrolladores al presentar su sistema Duplex, un asistente de voz dotado de IA.

En sendas conversaciones con esta tecnología para reservar hora en la peluquería y mesa en un restaurante, los asistentes fueron testigos de la capacidad de una máquina para mantener una conversación fluida, comprendiendo el lenguaje, interpretando el significado y generando respuestas coherentes sin que el interlocutor humano se diera cuenta en ningún momento de que estaba hablando con una máquina. Esta tecnología suma la IA, redes neuronales, interpretación del lenguaje natural, aprendizaje profundo *(deep learning)* y dictado de textos *(automatic speech recognition)*.

 Ver vídeo de
Google Duplex.

Ya podemos ver chatbots en uso en el mundo de la alimentación. La cadena Subway los utiliza para realizar el pedido de sus famosos bocadillos y los supermercados Whole Foods ayudan a sus clientes a encontrar recetas saludables con estos asistentes. La especialidad de la española Bookline se centra en los bots conversacionales basados en IA para gestionar citas y reservas vía telefónica. Orderscape o Voice Qube usan esta tecnología para automatizar el proceso de pedidos. Y ya en el *back office,* VoiceStar.ai convierte la tediosa tarea de actualizar el inventario prácticamente en un dictado (imagina que antes de cerrar el restaurante solo tuvieras que echar un vistazo al almacén y decir: «¡Hey! ¿Qué nos falta? Prepara la lista de la compra»).

Impresión 3D

Nacida a mediados de la década de 1970, se define como una tecnología de fabricación por adición por la que un objeto tridimensional se crea mediante la superposición de capas, pero fue un grupo de estudiantes de la Universidad de Cornell (Nueva York) el que creó la primera impresora 3D para imprimir alimentos como chocolate, masa de galletas o queso. Desde entonces, la impresión 3D se ha convertido en una de las grandes ramas de innovación en la industria de la alimentación. Esta tecnología ha evolucionado desde un sistema para ampliar las fronteras creativas del diseño de alimentos *(creative food design)* hasta una técnica de bioimpresión para desarrollar alimentos complejos, como análogos de carne, pescado y otros productos de origen animal.

NovaMeat, *startup* nacida en Barcelona, creó el primer «filete» de proteína vegetal impreso en 3D. En 2021 la empresa navarra Cocuus revolucionó el mundo de la impresión 3D de proteínas alternativas con su sistema de biomipresión, capaz de imprimir espectaculares «chuletones» de base vegetal y, en un futuro, de crear las mismas piezas utilizando células de carne cultivada. La española Natural Machines fue pionera con su impresora 3D Foodini, con la que trabaja en proyectos que van desde la cocina de los Hermanos Torres hasta la comida del espacio. Mientras se afana en su visión de que las impresoras 3D ocupen un lugar entre nuestros electrodomésticos dentro de diez o quince años. La propia IKEA está realizando un *casting* de expertos en impresión 3D para, entre otras cosas, crear una nueva versión de sus famosas albóndigas.

La impresión 3D de alimentos se perfila como una de las grandes aliadas de la nutrición personalizada; incluso podría dar respuesta a uno de los grandes retos del futuro: la alimentación durante los viajes espaciales. También puede ser una de las vías para reducir el desperdicio de alimentos, revalorizando toneladas de frutas y verduras (el mayor grupo de alimentos que desperdiciamos) en ingredientes para la impresión 3D, como hace la *startup* danesa Upprinting Food.

Ciencia genética, bioinformática y biotecnología

En 2001, se presentó el primer borrador del genoma humano en el que habían trabajado en paralelo dos equipos de internacionales[11]. Para hacernos una idea de la magnitud de la empresa, el consorcio CISGH había invertido 2700 millones de dólares y unos 16 años de trabajo de numerosos científicos e instituciones. Este primer borrador, mejorado dos años después, ha sido actualizado en varias ocasiones. Sin embargo, todavía quedaban «vacíos» que la tecnología y el conocimiento no lograban abordar. En 2021, gracias a los avances en genética y en supercomputación, otro equipo científico, el denominado Consorcio T2T, ha avanzado la secuencia más completa de un genoma humano hasta la fecha, incorporando hasta un 8 % de información que faltaba[12].

Desde entonces la ciencia genética se ha desarrollado exponencialmente. «La secuenciación genética avanza más rápido que la microinformática o la tecnología espacial. Pronto podremos secuenciar el ADN en un chip que podríamos llevar en nuestro móvil», explicaba ya en 2015 Alfonso Valencia, director del Instituto Nacional de Bioinformática.

La genética es la base de la nutrigenómica, la ciencia que define la relación entre la dieta y nuestra respuesta (y predisposición) determinada genéticamente a ella, de la que es pionero y referencia mundial el catedrático de nutrición zaragozano José María Ordovás. Con todas las limitaciones y salvedades, ya que aún queda mucho por avanzar y validar, la nutrición de precisión y la alimentación personalizada son unas de las ramas con más potencial que unen los universos *foodtech* y *healthtech*.

Pero la ciencia genética también puede aplicarse a los propios alimentos e incluso al suelo donde se cultivan. CRISPR, el sistema de edición genética también denominado «tijeras genéticas» cuyas investigadoras, Emmanuelle Charpentier y Jennifer A. Doudna, fueron reconocidas en 2020 con el Premio Nobel de Química, o en el futuro la biología sintética abren un campo inmenso para agilizar y optimizar los trabajos que ya se venían desarrollando para crear plantas que proporcionen cosechas más abundantes y nutritivas; quizá cereales sin gluten; o con frutos más sabrosos; o resistentes a enfermedades o a patrones climáticos extremos; o incluso granos de café «naturalmente» descafeinados. También hay trabajos encaminados a reducir la presencia de asparagina, un aminoácido que se convierte en la denostada acrilamida, compuesto señalado por algunos estudios como «probablemente carcinogénico», y que aparece al tostar el pan y otros alimentos ricos en almidón.

Tras el Proyecto Genoma Humano (PGH), se ha creado una extensión denominada Proyecto Microbioma Humano (PMH), que se refiere al último órgano humano por investigar. Su objetivo es caracterizar las comunidades microbianas para determinar su posible correlación con el estado de salud. En paralelo, son múltiples las iniciativas que desarrollan productos alimentarios funcionales que buscan influir precisamente en el microbioma intestinal mediante una nueva generación de probióticos, prebióticos y simbióticos.

Otras tecnologías

Otras tecnologías desempeñan un papel fundamental como habilitadoras de la industria *foodtech*. Disponer de una conectividad cada vez mayor, más veloz y con mayor cobertura y penetración gracias a tecnologías como 5G, fibra óptica o LiFi (comunicación inalámbrica basada en luz) es clave para el desarrollo del IoT y de todas las aplicaciones en *agtech* y otras categorías. La computación en la nube es la base de todos los modelos de negocio tipo *Anything-as-a-Service* (XaaS) («cualquier cosa como servicio»). Sin olvidar el móvil, las aplicaciones, las redes sociales o las denominadas *tecnologías de proximidad,* base de las aplicaciones de la economía sin contacto *(contact-less),* impulsada por los efectos de la COVID-19. Las energías de bajo coste y renovables, como la tecnología LED y la energía solar, son claves en la industria de la agricultura en interiores *(indoor)* o los sistemas de agricultura celular, sin despreciar los importantes avances que se están desarrollando en técnicas de conservación (incluso con finísimas películas para la fruta a partir de seda de araña).

Y nos quedan por conocer las implicaciones de las tecnologías *immersive media,* como la realidad virtual, la realidad aumentada o los metaversos, en la forma en la que disfrutaremos de los alimentos. O cómo podrán aplicarse técnicas de neurociencia o interacción máquina-cerebro en el mundo de la ganadería... si es que cuando se hayan desarrollado suficientemente seguimos alimentándonos de animales...

Como explican Peter H. Diamandis y Steven Kotler[13], por sí mismas cada una de estas tecnologías exponenciales tiene mucho potencial, pero es su convergencia la que está transformando las industrias, ya que su potencial disruptivo aumenta de forma proporcional. Una sola de estas tecnologías puede modificar un producto o un servicio, pero la combinación de varias puede arrasar los productos o los mercados, así como las estructuras sobre las que se sustentan. Y la industria de la alimentación no es ajena a este fenómeno. Las oportunidades serán increíbles para cualquiera que sea lo suficientemente ágil y osado.

No todas estas tecnologías o, mejor dicho, no todas las innovaciones basadas en ellas triunfarán. Pasarán momentos de expectativas sobredimensionadas, un abismo de desilusión donde algunas quedarán estancadas durante un tiempo, o definitivamente, hasta que se identifiquen los casos de uso que aprovechen mejor sus posibilidades, mejoren sus rendimientos, se identifiquen y validen los modelos de negocio que las exploten o alcancen el precio óptimo. Es una dinámica que explica muy bien el conocido gráfico del ciclo de expectativas de Gartner *(Gartner hype cycle)*, generalmente aplicado a las tecnologías de la información y la comunicación (TIC).

Gráfico 1.1. Ciclo de expectativas sobredimensionadas de Gartner

Fuente: Gartner España[14].

3. La tecnología genera y conecta con la abundancia

En 2008 Ray Kurzwell, padre del concepto de singularidad y gran visionario del futuro impulsado por las tecnologías exponenciales, fundó Singularity University junto con Diamandis, presidente de la Fundación X Prize, precisamente para profundizar en su impacto y en cómo podrían utilizarse para resolver los grandes retos de la humanidad. Una de las implicaciones más importantes que apuntan es su capacidad de generar abundancia, de convertir algo que es escaso en algo cuantioso.

Antes de que Charles Hall y Paul Héroult descubrieran por separado y casi simultáneamente un proceso de electrólisis económicamente viable para obtener aluminio a partir de alúmina, este se consideraba un metal precioso y su coste era similar a los del oro o la plata. Incluso, según una leyenda, el emperador Napoleón III ordenó fabricar una cubertería de este material, para servir sus ágapes más exclusivos. En realidad, el aluminio es el tercer elemento más común de la corteza terrestre, pero solo un avance científico nos permitió acceder a esa abundancia y convertir una joya en el papel con el que envolvemos los bocadillos[15].

En su libro *Abundancia. El futuro es mejor de lo que piensas,* Diamandis explica cómo la aceleración del proceso tecnológico convierte en abundantes unos recursos que hasta ahora eran escasos. En los últimos cien años el coste de producir alimentos se ha dividido por 10, el de producir energía por 20, el de transporte por 100, el de las comunicaciones por 1000, etc.

Vivimos en un planeta que cada día es bañado por cinco veces la energía que usamos en un año, así que no es cuestión de escasez, sino de accesibilidad. Y la abundancia de energía abre la puerta a otras abundancias, como la de agua, la de producción de alimentos (en este libro veremos sistemas de cultivo vertical o biorreactores para la fermentación de proteínas o de carne cultivada) o la de las telecomunicaciones (con un 66.6 % de penetración de tecnologías móviles en el mundo y un 60 % de penetración de Internet, actualmente un masai en Kenia con su móvil tiene mejor conectividad que nosotros hace 25 años, y si dispone de Internet y Google, tendrá acceso a más información que el presidente Clinton hace veinte años). Por ello Diamandis considera que «la escasez es contextual y la tecnología, el recurso que libera la abundancia[16]». Y no se trata de crear un mundo de lujo, sino de posibilidades; es tomar lo que resulta escaso y convertirlo en abundante gracias a la «fuerza liberadora» de la tecnología.

Este fenómeno está permitiendo que cada vez haya más personas dispuestas a abordar desafíos globales que parecían imposibles, como el hambre, la pobreza y la enfermedad. Y algunos emprendedores están empleando estas mismas tecnologías para crear empresas que están cambiando el mundo.

4. Exponencialidad y disrupción, ejes de la transformación radical

Como hemos visto, las tecnologías tienen un período de desarrollo desde su nacimiento hasta que consiguen despegar. En este periplo pasan por momentos de altas expectativas, pero también por momentos de decepción, en los que no terminan de cumplir o no están claros los casos de uso, todavía son poco eficientes, su rendimiento no está optimizado o resultan demasiado costosas en relación con lo que ya existe y, por tanto, no parecen una alternativa real.

Gráfico 1.2. Crecimiento exponencial frente a crecimiento lineal

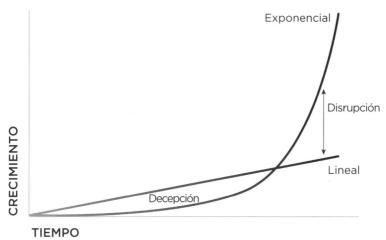

Fuente: Salim Ismail (2014). *Organizaciones Exponenciales. Por qué existen nuevas organizaciones diez veces más escalables y rentables que la tuya (y qué puedes hacer al respecto).*

Pero llega un momento en el que toman velocidad de crucero y explotan en todo su potencial, y es entonces cuando superan todo lo anterior: las economías de escala reducen su coste, se hacen más accesibles, se democratizan y comienzan su escalada exponencial. Aunque antes deben superar el mayor desafío al que se enfrentan más allá de su eficacia técnica: encontrar los modelos de negocio que funcionen en este nuevo entorno.

Y aquí es donde estamos ahora. Es el momento de la sorpresa, el caos y la disrupción. Y, como consecuencia de este cambio de paradigma, estamos siendo testigos de importantes disrupciones en diversos sectores. Pensemos en la fotografía, la música, el cine, el turismo, el transporte, etc. Y en este magma revuelto aparece una nueva generación de empresas capaces de pasar de modelos de negocio basados en la escasez a otros fundamentados en la abundancia.

El conocido ejemplo de Kodak es paradigmático de una compañía cuyo fracaso puede achacarse a su incapacidad para adaptarse no a una nueva tecnología (la fotografía digital), sino al nuevo paradigma que esta tecnología creó. Kodak no supo pasar de un modelo de negocio basado en la escasez a otro fundamentado en la abundancia propiciada por esa tecnología. Finalmente, fue un fenómeno ajeno a la industria, Instagram, que no tenía en su mochila un modelo de negocio que defender y por tanto carecía de un «sistema inmunitario interno», quien supo interpretar cómo sacar partido a la abundancia que generaba la fotografía digital para crear un nuevo modelo de negocio.

Las conocidas como *organizaciones exponenciales* constituyen esta nueva generación de compañías con modelos de negocio orientados a la abundancia que se apalancan en la tecnología y en atributos de exponencialidad para maximizar las opciones de crecimiento[17]. Entre esos atributos de exponencialidad encontramos las conocidas como 6D, algunas de las cuales hemos visto en acción en este capítulo, como la digitalización, los procesos de desmonetización, la fase de decepción antes del momento mágico de la disrupción y la democratización[18]. Pero, lo que es más importante, hallamos un propósito, un profundo deseo de transformar el mundo y de generar impacto.

Ver más detalles sobre las 6D de las organizaiones exponenciales.

Ver más detalles sobre los atributos de exponencialidad.

Te invito a que leas los siguientes capítulos con unas gafas graduadas para identificar estas fuentes de abundancia y exponencialidad. Un buen número de las disrupciones que estamos viviendo en la industria de la alimentación vienen precisamente de organizaciones que han sabido combinar esos ingredientes: usar tecnologías exponenciales para conectar o gestionar la abundancia e innovar no solo creando nuevos productos, sino también procesos, modelos de negocio, experiencias, etc., en cualquiera de los diez tipos de innovación que describe Doblin en su modelo[19].

 Ver el modelo de innovación de Doblin.

Por ejemplo, el modelo de *delivery* se basa en la utilización de tecnologías (Internet, *cloud computing,* IA, móvil, GPS, etc.), un innovador modelo de negocio tipo plataforma que conecta una abundancia (restaurantes y repartidores) para dar un servicio de comida a domicilio. Realmente el reparto al hogar ya existía, pero han sido la tecnología y algunos de estos atributos de exponencialidad (como los algoritmos, las interfaces, el trabajo bajo demanda o el *engagement*) los que han permitido que explote de la forma que lo ha hecho ahora. Si las analizamos, podemos considerar organizaciones exponenciales de libro, prácticamente con todos sus atributos, a cualquiera de estas plataformas de comida a domicilio.

La *startup* Grov ha creado un nuevo modelo de negocio de «pasto como servicio». A través de unas instalaciones altamente automatizadas de agricultura vertical de 80 m², cultiva heno fresco en un formato 24/7, equivalente al que se produciría en 15-20 hectáreas de prado, y lo entrega diariamente por suscripción a los ganaderos del entorno.

En el caso de las proteínas alternativas son varias las tecnologías que participan en este juego y que se retroalimentan —nunca mejor dicho— entre sí para dar lugar a nuevos productos y versiones mejoradas de los mismos en una carrera que no ha hecho más que empezar:

- **Impresión 3D.** Proyectos como NovaMeat, Redefine Meat o Cocuus.

- **Plataformas de diseño de proteínas basadas en IA.** Utilizan la IA para conectar, descifrar, cartografiar e interpretar la abundancia del mundo vegetal y, lo que es mejor, proponer nuevas fórmulas que cumplan los requisitos que los humanos hemos marcado: sabor, textura, color, capacidad de resistir el calor, de emulsionar, de dorarse con una bonita reacción de Maillard, etc.
- **Maridaje de alimentos** *(Food pairing).* Chef Watson, el chef culinario de IBM basado en la computación cognitiva, y otros ejemplos de plataformas de IA se destinan precisamente a analizar a nivel molecular los diferentes alimentos para identificar cuáles combinan bien entre sí, pero no solo con objetivos creativos o de maridaje, sino también para el diseño de nuevos alimentos con criterios nutricionales y de salud.
- **Fermentación moderna.** Se apoya en técnicas de ingeniería genética de IA y en gemelos digitales para optimizar y multiplicar hasta por 10 la capacidad de producción de proteínas.
- *Food-as-Software.* Inspirado en el desarrollo de *software,* en este modelo la formulación de alimentos se digitaliza gracias a herramientas de IA. Las fórmulas podrán cargarse en bases de datos como si fueran programas, accesibles para los ingenieros de alimentos de todo mundo. Es decir, un sistema similar al que emplean los desarrolladores de aplicaciones a partir de librerías de código prediseñadas. Este modelo garantiza una iteración constante para mejorar rápidamente los productos, por lo que cada versión resulta superior y más barata que la anterior. Esta visión supone que la producción de proteínas con estos métodos atravesaría el camino de las 6D descrito antes, pero añadiendo una séptima: la descentralización.

5. Una nueva estirpe de emprendedores impulsa la revolución de la industria alimentaria

He seguido la trayectoria de Heüra desde sus inicios en 2017 coincidiendo en ferias y eventos del sector, donde sus fundadores, Marc Coloma y Bernat Añaños, se afanaban con pasión en mostrar su primer producto alternativo al pollo. O durante los Startup Prizes del

Basque Culinary Center, cuya edición de 2018 conquistó Foods for Tomorrow, el significativo nombre de la empresa entonces. En 2019 invité a Coloma a presentar las nuevas hamburguesas que estaban a punto de lanzar para competir con la famosa Beyond Meat en una sesión sobre innovación que dirigía en el seno de Meat Attraction, la feria de la industria cárnica —algo muy osado en el momento, te lo aseguro—. Durante la cena posterior pude conocer en detalle el profundo propósito transformador de una persona que decidió cambiar el activismo en defensa de los animales por el emprendimiento como herramienta para cambiar el mundo.

Luke Saldanha, cofundador de Pink Albatross, nació en la India, aunque ha vivido en Londres, Nueva York, varias capitales latinoamericanas y España. Vegetariano por cultura y por convicción sobre los derechos de los animales, ante la dificultad de encontrar productos para él y para su familia que se ajustaran a su estilo de vida, decidió dejar una carrera en la banca para lanzarse a crearlos él mismo. Así nación Pink Albatross, marca de helados veganos.

Son auténticos activistas de la causa, sea el bienestar animal o la salud de las personas o la del planeta. Solo hace falta seguir sus perfiles en LinkedIn, la campaña de *crowdsourcing* de Heüra o algunas de sus otras sonadas campañas. Lo mismo podríamos decir de Josh Tetrick, fundador de Eat Just; Matias Muchnick, de Notco; Arturo Elizondo, de Clara Foods, y de otros emprendedores.

Es la misma pasión que puedes encontrar en fundadores como Ethan Brown (Beyond Meat), Michelle Wolf (New Wave Foods), Patrick O. Brown (doctor en medicina y profesor de bioquímica en la Universidad de Stanford y fundador de Impossible Foods), Mark Post (fundador de Mosa Meat) o el grupo de jóvenes daneses que crearon Too Good To Go, una aplicación móvil que conecta restaurantes o tiendas que tienen excedentes de alimentos que no han vendido con consumidores, con el objetivo de que esa comida no se malgaste y se pueda disfrutar en vez de ser utilizada. Se trata de pasión por resolver un problema y por lograr un propósito, por producir un impacto positivo en las personas o en el planeta y, por supuesto, pues si no nada de esto sería posible, por crear un negocio rentable y escalable.

Es una generación, generalmente ajena a la industria incumbente[20], que entra en el negocio de la alimentación con el objetivo de ofrecer alternativas más eficientes y sostenibles, junto con un tipo de empresas emergentes, las *startups,* que han sido agudas, ágiles y osadas a la hora de leer las tendencias e inquietudes del consumidor y de hacer las cosas de otra forma; que tienen en su mano, y algunas lo están logrando, disrumpir las industrias tradicionales.

Por definición, las *startups* no llevan a su espalda una pesada mochila que ponga cortapisas a su audacia y creatividad. No se ven afectadas por un «sistema inmunitario» que amenaza con coartar y engullir cualquier innovación que pueda poner en riesgo el modelo de negocio actual de la compañía (aunque a la larga podría ser su salvación...). Han desempeñado el papel de disruptores de la industria y arrastran con su pasión, agilidad, audacia y riesgo —por qué no decirlo— no solo a las grandes corporaciones, sino a los inversores, especialmente a los que comparten su visión, propósito y olfato.

Como dice Diamandis, «estamos más empoderados que nunca como individuos para responder a los grandes retos de la humanidad. Tenemos las herramientas, la pasión de los innovadores y los emprendedores con propósito y el capital, y somos 3 000 000 millones de personas conectándose *online* para contribuir a hacer lo que tenemos que hacer. Tenemos ante nosotros una década extraordinaria»[21].

CLAVES DE LAS TECNOLOGÍAS HABILITADORAS

- La convergencia de tecnologías digitales, físicas y biológicas está cambiando el mundo tal como lo conocemos.
- Entre las tecnologías con más impacto en la industria *foodtech* encontramos: IA, IoT, *big data,* impresión 3D, robótica, *blockchain,* biotecnología y ciencia genética.
- Esta revolución será diferente a cualquier otra anterior por su velocidad, alcance e impacto sin precedentes en todos los sistemas e industrias.
- La tecnología es el recurso que nos permite generar, liberar y gestionar abundancia y pasar de modelos de negocio basados en la escasez a otros fundamentados en la abundancia.

2
QUÉ ES
FOODTECH

«Los retos son infinitos. Si algo caracteriza la situación actual,
es que tanto los factores estructurales como los coyunturales
son enormemente móviles y, por tanto, lo único constante
que hay es el cambio.
Por eso, lo que hace falta es que las empresas se preparen
para estar mejor adaptadas para poder solucionar
los cambios que se vayan presentando».

Jorge Jordana,
fundador y miembro del consejo rector del Centro Nacional
de Tecnología y Seguridad Alimentaria (CNTA)

1. De ultranicho a categoría de moda

En 2014, intentaba explicar mis nuevos derroteros a mis colegas del
mundo tecnológico y generalmente me encontraba con una pregunta: «*¿food* qué...?», adornada por una cara que combinaba a partes
iguales extrañeza y escepticismo. Eran los tiempos en los que apenas
echaba a andar el concepto *foodtech,* principalmente en EE. UU. y en
algún otro *hub* de avanzadilla. Entre esos pioneros se encontraban
el MIT Media Lab y el Culinary Institute of America, que ese mismo año organizaron Rethink Food, el primer congreso dedicado a

esta idea, atrevida entonces, de repensar el sistema alimentario. En su pintoresca sede del Valle de Napa se dieron cita durante tres días expertos en innovación, diseño y tecnología, emprendedores, investigadores y diseñadores con el objetivo de «impulsar la innovación en la intersección entre la tecnología, el comportamiento, el diseño y la alimentación». Fue en esa primera cita donde tuve la oportunidad de probar una muestra de «carne cultivada» que presentaba la empresa biotecnológica Modern Meadow, entonces más parecida a la suela con la que se deleita Charlot en *La quimera del oro* que a un suculento filete. Pero ahí estaba; no era una idea en una servilleta ni un PowerPoint; era real y se «podía» comer.

Desde entonces las cosas han cambiado, y rápido, y de categoría de ultranicho y poco sexi, la industria *foodtech* se ha convertido en objeto de deseo de emprendedores, inversores, aceleradoras y —esto es importante— de las propias empresas de la industria alimentaria, grandes y no tan grandes. Incluso algunas compañías han protagonizado algunas de las salidas a bolsa más espectaculares desde la época de las puntocom. También ha habido caídas estrepitosas, matrimonios de conveniencia y reinvenciones, como en cualquier industria nueva que se precie. La propia Modern Meadow ha terminado pivotando y ahora dirige sus esfuerzos al desarrollo del primer «cuero biofabricado». Pasa del *food* al *fashion,* de la comida a la moda. Otra industria con importantes retos que abordar...

2. Qué, quién, cómo y para qué

En este tiempo el concepto *foodtech* ha ido evolucionando hasta lo que conocemos actualmente, que engloba la aplicación de tecnologías para facilitar innovaciones más o menos disruptivas en toda la cadena de valor agroalimentaria que permitan mejorar su funcionamiento y hacerlo más eficiente y sostenible. En los últimos tiempos se está utilizando el término *agrifoodtech* precisamente para recalcar ese alcance extremo a extremo del concepto. Se suele usar la expresión «de la granja a la mesa» *(from farm to fork);* de hecho, la Unión Europea ha diseñado toda una iniciativa bajo ese mismo nombre. Aunque quizás deberíamos extenderlo: «de la granja al cubo de basura», para no olvidarnos de ese reto del desperdicio alimentario y de la cantidad de innovaciones que la industria *foodtech* está alumbrando en este segmento de la cadena.

La ONU establece que «los sistemas alimentarios abarcan a todas las personas y a todo el entramado de actores y actividades interconectadas que conciernen a la alimentación de la población: es decir, producción, recogida, empaquetado, elaboración, distribución, venta, almacenamiento, comercialización, consumo y eliminación»[1].

Después de analizar muchas propuestas con diferentes enfoques y matices, propongo una definición que da respuesta a los quién, qué, cómo y por qué de la industria *foodtech:* «Ecosistema de *startups* y organizaciones que, mediante la aplicación de tecnología y biotecnología en los diferentes segmentos de la cadena agroalimentaria, busca crear productos, servicios y modelos de negocio altamente innovadores o disruptivos para mejorar la seguridad, accesibilidad, eficiencia, resiliencia y sostenibilidad del sistema alimentario».

Me parece importante incluir en esta descripción algunos aspectos que definen ese carácter diferencial del concepto *foodtech* frente a otros más generalistas de la innovación aplicada a la alimentación.

Por un parte está el concepto de ecosistema, en el que las *startups* están teniendo un papel fundamental impulsando algunas de las innovaciones de mayor impacto en el sector. Son las auténticas protagonistas de la industria *foodtech,* pues con su impulso han logrado mover los engranajes de la industria llamando la atención —y de qué manera— del mundo de la inversión, acelerando la maquinaria de innovación de las corporaciones y propiciando modelos de innovación abierta y colaborativa.

Como en otros sectores, algunas de las propuestas más disruptivas no son tanto un producto o un servicio nuevo como un nuevo modelo de negocio, una nueva forma de hacer las cosas.

Asimismo, es importante que una definición de *foodtech* incorpore el binomio disrupción-resiliencia, y con más motivo tras un tiempo en el que hemos comprobado que una disrupción que ponga patas arriba nuestro *statu quo* puede llegar no solamente de la mano de la última ocurrencia de Silicon Valley, sino por un pequeño virus surgido en los confines de la Tierra. La crisis sanitaria global tuvo un impacto real en la industria alimentaria, desvelando algunas ineficiencias en la cadena de suministro y en materia de seguridad, accesibilidad y soberanía que hemos de analizar como urgentes oportunidades para la innovación.

«La industria *foodtech* es un ecosistema de *startups* y organizaciones que, mediante la aplicación de tecnología y biotecnología en los diferentes segmentos de la cadena agroalimentaria, busca crear productos, servicios y modelos de negocio altamente innovadores o disruptivos para mejorar la seguridad, accesibilidad, eficiencia, resiliencia y sostenibilidad del sistema alimentario».

Finalmente, ha de destacarse el concepto de la cadena de valor completa, que incluye desde la agricultura, el procesado, la logística, la gran distribución y la minorista hasta el sector de la restauración y el propio consumidor.

3. Categorías de la cadena de valor *foodtech*

La cadena de valor *foodtech* es muy amplia, abarca diferentes categorías, desde la producción o el cultivo de alimentos hasta el consumo, el transporte o la gestión de residuos. El gráfico de la siguiente página da una visión de la estructura completa de la cadena de la industria *foodtech*. En la parte superior encontramos los diferentes segmentos del sistema alimentario según las clasificaciones más habituales y debajo las distintas categorías de *foodtech* que representan los principales nichos de innovación y oportunidad que se abren en cada eslabón de esta cadena.

En primer lugar se encuentran las categorías que representan un primer nivel más genérico (*agtech,* alimentos de próxima generación, cocina inteligente, aplicaciones personales, *coaching* nutricional, etc.,) y después, en un segundo nivel, los casos en los que las subcategorías son especialmente relevantes (*plant-based, e-grocery,* etc.). Puesto que las fronteras entre el *retail* y el mundo de la restauración tienden a desdibujarse y comparten muchos retos y soluciones, las categorías que más les afectan se representan englobando ambos segmentos pero diferenciando su canal físico o en línea (tecnología en establecimientos físicos [*retail* y restaurantes]).

Finalmente, las categorías de seguridad alimentaria, trazabilidad y transparencia y desperdicio alimentario y circularidad se han representado de forma transversal, ya que involucran a toda la cadena. A continuación entramos en más detalle sobre cada una.

Gráfico 2.1. Categorías de la cadena de valor *foodtech*

	Upstream				Downstream	
PRODUCCIÓN PRIMARIA	CADENA DE SUMINISTRO	PRODUCCIÓN	CADENA DE SUMINISTRO	COMERCIO MINORISTA (*RETAIL*)	RESTAURACIÓN	HOGAR	PERSONAS

CADENA DE VALOR DEL SISTEMA ALIMENTARIO

CADENA DE VALOR DE LA INDUSTRIA *FOODTECH* (CATEGORÍAS PRINCIPALES Y SUBCATEGORÍAS)

Agtech

- Biotech
- Granjas Inteligentes (SW-Robotics -IoT- IA)
- Nuevos modelos de cultivo
- Nuevas fuentes (insectos)
- Agricultura de precisión

Midstream Tech - Logística

- Almacenamiento
- Transporte
- Vehículos autónomos

Alimentos de nueva generación

Fábrica 4.0

- *Plant-based*
- Proteínas de base celular
- Fermentación
- Biología sintética
- PMF- Cultivo molecular en plantas

Midstream Tech - Logística

- Microalmacenamiento
- Transporte

Tecnología en establecimientos físicos (*retail* y restaurantes)

- Relación con cliente & *front office*
- *Back office*
- Cocina, *optimización y automatización*

Food delivery

- e-grocery Q-service
- *Meal kits* - Restaurantes *online* - Catering
- *Marketplaces*
- Tecnología y servicios bajo demanda y de última milla
- Infraestructura para *dark kitchen* y ultraconveniencia (Q-Commerce)
- Directo al consumidor (DTC)
- Nuevos sistemas de *vending*

Cocina inteligente

- Dispositivos inteligentes y conectados
- Apps y sistemas operativos

Nutrición personalizada

- Dispositivos portables
- Kits de ADN & Microbiota
- *Apps y servicios personalizados*

Seguridad alimentaria, trazabilidad y transparencia

Desperdicio alimentario y circulariad

Fuente: Elaboración propia a partir de las representaciones gráficas propuestas por organizaciones como AgFunder, Dealroom.co, Digital CNTA FoodLab o Forward Fooding.

45

- ***Agtech.*** Engloba todas las tecnologías y los servicios destinados a mejorar la eficiencia, productividad y sostenibilidad de la agricultura y la ganadería. Dentro de esta categoría se encuentran:
  - *Ag Biotech.* Innovaciones del ámbito biotecnológico aplicadas a insumos y alimentos para el campo y el ganado: desarrollos genéticos, del microbioma, la alimentación o la salud animal, etc.
  - Granjas inteligentes y agricultura de precisión. Soluciones de digitalización de la actividad agropecuaria, así como introducción de sistemas de robotización y automatización.
  - Nuevos sistemas de agricultura y ganadería. Sistemas de agricultura en entornos controlados (p. ej., agricultura vertical o algas) y nuevas ganaderías (p. ej., cría de insectos).
  - *Marketplaces* agrarios. Plataformas de comercio electrónico digitalizadas B2B de productos y servicios agrícolas o para la industria agraria.
- **Producción y procesado de alimentos.** Más allá de la evolución de los procesos de producción en la llamada *industria 4.0,* la categoría reina en este segmento es la de los alimentos de nueva generación o alternativos. Comer carne sin sacrificar a un animal es el motor que mueve este segmento de la industria *foodtech,* que incluye:
  - *Plant-based.* Nueva generación de alimentos de base vegetal que reproducen análogos de carne, pescado, marisco, huevos o lácteos con modernas técnicas de extrusión, impresión 3D o bioimpresión, en ocasiones optimizadas mediante IA.
  - Carne cultivada o de laboratorio. Producida a partir del cultivo de células animales en biorreactores.
  - Fermentación. Práctica milenaria que, mejorada con técnicas de bioprecisión, está revolucionando el desarrollo de las proteínas alternativas a partir de microorganismos.
  - Cultivo molecular de plantas. Novedoso proceso de producción de desarrollo incipiente semejante a la fermentación de precisión que utiliza las plantas como bioreactores de producción de proteínas en lugar de hongos o bacterias.
- **Cadena de suministro.** Se encuentran aquí soluciones para optimizar las operaciones de almacenamiento, logística y transporte a lo largo de la industria alimentaria, con especial auge

hoy de la automatización y robotización de almacenes o centros de *fulfillment* y, en breve, con la entrada de los vehículos autónomos; por supuesto, la IA está presente desde múltiples aproximaciones para regir todos estos avances.

- **Retailtech.** Es una categoría amplísima que abarca innovaciones tecnológicas aplicadas en múltiples áreas: infraestructura de comercio electrónico, robotización de instalaciones (sean almacenes o los propios supermercados), analíticas aplicadas desde el comportamiento del consumidor hasta los inventarios y, por supuesto, sistemas de compra sin caja o tiendas autónomas.
- **Restaurant tech.** Se trata de tecnologías aplicadas al restaurante, tanto a su *front* como a su *back office,* que buscan fundamentalmente mejorar la productividad, la experiencia y la fidelidad del cliente. Incluyen desde sistemas de manejo de inventario y gestión de operaciones internas o de personal hasta aplicaciones para la reserva, la gestión de comandas, el pago o la fidelización de los clientes, y también soluciones de automatización y robotización tanto en la sala como en la trastienda.
- **Food delivery.** Se engloban aquí todas las actividades del ámbito de la conveniencia que suponen la entrega de alimentos a domicilio, sea desde un restaurante o un supermercado o directamente desde la marca o el productor (directo al consumidor [DTC]), así como los servicios complementarios a ellas, como los agregadores tecnológicos o la tecnología de logística de última milla.
- **Hogar.** Esta categoría responde al sueño de una cocina inteligente, conectada, «sensible» (con sensores) y con niveles cada vez mayores de autonomía; una cocina en la que los electrodomésticos (o robots) pueden identificar el estado de los alimentos, recomendar elaboraciones con productos a punto de caducar, cocinar autónomamente conociendo las necesidades particulares de la familia o hacer el pedido al supermercado antes de agotar las existencias.
- **Personas.** Esta categoría incluye servicios y aplicaciones de uso personal, como las dedicadas al *coaching* alimentario o a la nutrición personalizada.
- **Seguridad alimentaria, trazabilidad y transparencia.** He querido dar entidad propia a esta categoría no solo por su importancia

cada vez mayor, sino porque de hecho afecta a toda la cadena, desde el campo hasta el propio consumidor. Se encuentran aquí desde soluciones para acelerar los análisis de alimentos, llevando el laboratorio hasta la muestra *(lab-to-sample),* hasta múltiples propuestas para hacer un seguimiento exhaustivo, continuo, fiable y accesible del periplo de un alimento a través de *blockchain* y de otras tecnologías asociadas.

- **Desperdicio alimentario y circularidad.** Son muchos los ámbitos desde los que se pueden abordar estos dos desafíos tan interconectados, desde aplicaciones para «salvar» alimentos antes de que caduquen hasta complejos sistemas de IA en toda la cadena de suministro para anticipar cosechas o flujos de demanda. La revalorización de subproductos o residuos de la industria alimentaria marca la pauta de la circularidad.

En los próximos capítulos entraremos en detalle de algunas de estas categorías y veremos los diferentes niveles de desarrollo y protagonismo tanto en España como en Europa y en otros mercados. Como indicaba antes, el *food delivery* fue la categoría impulsora de esta industria, tanto en su vertiente de restauración *(meal delivery)* como de la compra *(e-grocery)* y los famosos *meal kits* (paquetes con recetas e ingredientes medidos para que el cliente los cocine). Aunque todavía da mucho que hablar y sigue reinventándose con modelos como el de ultraconveniencia *(Q-commerce)* o las *cloud kitchens,* se encuentra en un estado mucho más maduro y con algunos unicornios peleando por terminar de hacerse con los mercados. Ese impulso inicial se ha ido contagiando aguas arriba de la cadena de valor, donde el mundo de los alimentos alternativos ha tomado el relevo del protagonismo especialmente desde 2019, cuando se produjo el auténtico *boom* de la categoría *plant-based*. El año 2020 y sobretodo el 2021 fueron los de la fermentación, cuyo despegue definitivo vamos a ver próximamente, adelantando por la derecha a técnicas que venían recibiendo mucha más atención, como la carne cultivada o las proteínas a partir de insectos. Está por ver el camino definitivo que toman categorías de gran potencial, como la agricultura vertical o la robótica aplicada, condicionadas por las fuertes inversiones iniciales y la evolución de las tecnologías en las que se apoyan.

Si trasladamos estas innovaciones al gráfico de Gartner visto en el capítulo anterior, podemos hacernos una idea del momento en el que se encuentran, aunque, como hemos explicado, en este momento de innovación acelerada es importante tener en cuenta que no estamos ante la piedra de Rosetta, sino más bien ante la instantánea de una carrera de Fórmula 1. Y ya sabes: «si parpadeas…».

Gráfico 2.2. Ciclo de expectativas en la industria *foodtech*

Fuente: Digital Food Lab, basado en el *Gartner Hype Cycle*. Diciembre de 2021.

4. Inversión en *foodtech*

La industria *foodtech* se ha convertido, especialmente en los últimos dos años, en el auténtico fenómeno que está revolucionando el mundo inversor, inicialmente en EE. UU. y en algunos mercados, como Israel, y con algo de demora pero no con menos entusiasmo y calidad en Europa y España. En 2015 podías conversar con inversores bregados en la dinámica industria tecnológica que no veían en el sector *foodtech* una auténtica oportunidad. Percibían la alimentación como una industria tradicional, demasiado física (más bien poco digital) y, por tanto, poco escalable y atractiva. Hoy en nuestro país la industria *foodtech* se ha convertido en el segundo sector de inversión en *startups,* solo por detrás del transporte.

Y es que desde 2018, y a pesar del impacto de la pandemia, o como consecuencia de ella en algunos casos, hemos observado una aceleración de la tendencia en varios aspectos:

- **Crecimiento sostenido.** La inversión bate récords cada año. En 2021, se duplicó a nivel global y se triplicó en Europa y España.
- **Diversificación.** El *delivery* sigue dando titulares de unicornios, pero han ganado peso la industria *agtech,* las tecnologías para la optimización de la cadena de suministro y muy especialmente los nuevos alimentos en todas sus variantes: *plant-based,* cultivo celular y fermentación.
- **Especialización.** Proliferan los fondos y vehículos de inversión especializados. Actualmente hay más de noventa inversores en *foodtech*. Entre los más activos se encuentran Big Idea Ventures, SOSV, Food Labs, Blue Horizon Ventures, Y Combinator, Temasek, Anterra Capital o PeakBridge (asociado además con Rothschild para liderar un fondo de 200 millones de euros). En España destacan Tech Transfer Agrifood, un fondo especializado en el sector *agrifood* que cuenta con el respaldo de empresas destacadas de la industria alimentaria, o Evolution, nacido en el seno de la aceleradora Eatable Adventures. A ellos hay que sumar los vehículos creados por la propia industria, como Capsa Vida, el programa de inversión de impacto del grupo lácteo Capsa Food, y KM ZERO (Grupo Martínez), y el interés de inversores generalistas por meter la patita en el prometedor escenario de la industria *foodtech,* como Swanlaab.

Ver la lista de los inversores más activos en *foodtech.*

Varios son los factores que han influido en este cambio de tornas:

- La rápida evolución de la industria alimentaria hacia patrones más parecidos a la industria de las TIC de lo que cabía esperar, como veremos en los próximos capítulos. Y no solo por la aplicación de las tecnologías antes descritas, sino porque facilitan la aplicación de innovadores modelos de negocio mucho más escalables, algunos incluso con potencial exponencial: tipo plataforma, modelos «como servicio» (vamos a ver diversas declinaciones del *XaaS,* o cualquier cosa «como servicio»), modelos de suscripción, ecosistemas, comercio electrónico, *freemium*[2], DTC, *eyesballs*[3] *peer to* peer (P2P)[4], agregadores, modelos basados en datos, bajo demanda, híbridos físico/digital, comunidades de usuarios, etc.

- La suma de tendencias de consumo y estrategias regulatorias, que refuerzan la interpretación de los grandes retos del sistema como oportunidades del mismo tamaño.
- El hecho de que cada vez más compañías e inversores perfilan estrategias orientadas al propósito, al cumplimiento de los Objetivos de Desarrollo Sostenible y a la utilización de los denominados *criterios ESG* (medioambiente, sostenibilidad y gobernanza)[5].
- La máxima «dinero llama a dinero», que no podemos olvidar.

Quienes vivimos el pinchazo de las puntocom no podemos dejar de preguntarnos si las altas valoraciones, la acumulación de megarrondas y de unicornios y cierta sensación de inflación de inversión pueden interpretarse como síntomas de una nueva burbuja. Nadie lo sabe, más allá de los adivinos a toro pasado, porque *entusiasmo* no es ni mucho menos sinónimo de *certidumbre,* y no dejan de ser entornos de alto riesgo. Lo que sí sabemos es que los negocios de aquel *boom* que lograron superar el «valle de la muerte» realmente han transformado el mundo.

Gráfico 2.3. Inversión global de *startups* de la industria *foodtech* (2012-2021)

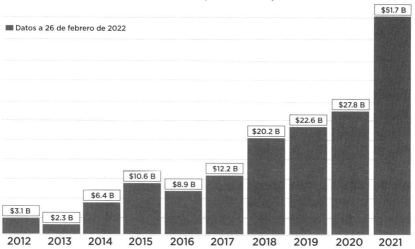

Fuente: AgFunder.
* Datos en billones americanos (escala numérica anglosajona)
Equivalencia $1B = 1000 millones (escala numérica europea).

Gráfico 2.4. Inversión en *agrifoodtech* en Europa (2014-2021)

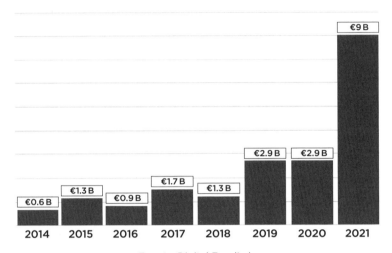

Fuente: Digital FoodLab.
* Datos en billones americanos (escala numérica anglosajona)
Equivalencia €1B = 1000 millones (escala numérica europea).

La inversión en *foodtech* en Europa ha mantenido su crecimiento desde 2016, pero se ha despegado especialmente en 2021, año en el que ha multiplicado su inversión por tres hasta los 9000 millones de dólares.

Gráfico 2.5. Inversión en *startups* españolas de la industria *foodtech* (2019-2021)

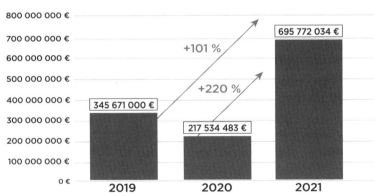

Fuente: Eatable Adventures (2021). *El estado de foodtech en España.*

España se subió al carro definitivamente en 2021 con casi 700 millones de euros de inversión, más del triple que el año anterior.

CLAVES DE LA INDUSTRIA *FOODTECH*

- La industria *foodtech* es el ecosistema de *startups* y organizaciones que, mediante la aplicación de tecnología y biotecnología en los diferentes segmentos de la cadena agroalimentaria, busca crear productos, servicios y modelos de negocio altamente innovadores o disruptivos para mejorar la seguridad, accesibilidad, eficiencia, resiliencia y sostenibilidad del sistema alimentario.
- La cadena de valor de la industria incluye diversas categorías, como *agtech,* tecnología para la cadena de suministro, alimentos de nueva generación, tecnología para el *retail* y el restaurante, *food delivery,* cocinas inteligentes, nutrición personalizada, seguridad alimentaria y trazabilidad o circularidad, que, interactuando entre sí, evolucionan constantemente.
- La inversión en *foodtech* crece de forma sostenida y por encima de otros sectores desde 2015, con un foco especial en las categorías de *delivery* y de proteínas alternativas. En España se ha convertido en el segmento cuyas *startups* más inversión han captado después del transporte.

3
AGTECH, TECNOLOGÍA APLICADA A LOS SISTEMAS AGROPECUARIOS

«Los agricultores son los primeros en sentir las consecuencias de la crisis climática. Con solo 1.1° de aumento de la temperatura, se multiplican las sequías, las inundaciones, las olas de calor y las plagas».

Frans Timmermans,
vicepresidente de la Comisión Europea
(diciembre de 2021)

1. ¿Qué entendemos por *agtech?*

Como punto de partida de la cadena alimentaria, sobre el campo y el mar recae el peso de algunos de los retos más relevantes menciona-dos anteriormente. Esperamos de ellos que alimenten a un número creciente de personas; recordemos: más de nueve mil millones en 2050. Pero a la vez buscamos que logren esa mayor productividad sin aumentar la deforestación[1], reduciendo o eliminando el uso de productos químicos[2], evitando técnicas como la modificación genética y promoviendo prácticas más sostenibles, como la agricultura ecológica o la regenerativa. Además, presionamos a la industria ganadera para que disminuya las emisiones que influyen en el cambio climático y el impacto de sus residuos en el suelo y el agua[3].

Pero estos no son los únicos desafíos que afronta el sector primario. La incertidumbre es otra: ¿cómo serán las cosechas? ¿Y el volumen de producción? ¿Nos afectará alguna plaga? ¿Cómo se comportará la demanda y cómo lo harán los precios? ¿Cuándo llegará la próxima pandemia y cómo nos afectará? ¿Y la próxima guerra?

El desperdicio alimentario, también en el punto de mira de las regulaciones europeas, supone otro reto. La carencia de mano de obra o, visto de otro modo, de atractivo para convertir la agricultura en una profesión y una forma de vida que asiente a la población en los territorios y la nutra de empleados y profesionales formados y motivados se suma a esta lista.

Todos estos factores hacen que la agricultura se enfrente a un momento clave de transición que incluye el desafío de compatibilizar la productividad y la resiliencia con los objetivos de sostenibilidad; de mantener una actividad estratégica pero de gran dureza como un negocio rentable, sostenible y estructurador social y geográficamente, y, no menos importante, de poner en valor la inmensa contribución de este sector a nuestra vida, nuestra salud, nuestro bienestar y el del planeta. Esta es la misión de la primera categoría de la industria *foodtech*.

Bajo el concepto de *agtech* podemos englobar todas las tecnologías y los servicios destinados a mejorar la eficiencia, productividad y sostenibilidad de la agricultura y la ganadería. Y dentro de *agtech* se pueden apreciar cuatro subsegmentos: la agrobiotecnología, la agricultura inteligente —y añadiríamos autónoma y robotizada—, los *marketplaces* agrícolas y los nuevos sistemas de cultivo y ganadería. Entraremos en detalle a continuación, pero quizás sea interesante anticipar cómo la combinación de todos puede configurar la granja del futuro.

2. La granja del futuro

Imaginemos una explotación agrícola dotada de todo tipo de sensores que miden y analizan cualquier cosa, desde la rumia del ganado hasta el uso de agua y el estado de los suelos, desde la temperatura hasta la humedad o la concentración de gases; donde satélites, drones y sistemas de visión computerizada recogen infinidad de datos que, una vez procesados, se utilizan para planificar cosechas o alertar de la llegada de una plaga o de una enfermedad. Imaginemos también una tropa de microrrobots que alivian los suelos del peso de los grandes tractores y del efecto de la labranza intensiva y que, armados de visión artificial, microesprays, láseres y brazos robóticos, aplican dosis mínimas y personalizadas de tratamientos en cada centímetro cuadrado de terreno, siembran sin arar, cauterizan las malas hierbas como si fueran *jedis* e incluso son capaces de cosechar solo los frutos que se encuentran en el punto exacto de madurez, que cumplen los tamaños o características que los supermercados esperan y que, por supuesto, conocen al formar parte de una cadena de suministro completamente integrada. Desde el aire, enjambres de microabejas robóticas se encargan de polinizar las plantas.

Como vemos, no se trata únicamente de una cuestión de optimización; en realidad, estamos en el umbral de un cambio trascendental basado en el empleo de tecnologías disruptivas que abren la vía a una nueva mentalidad, una forma diferente de pensar ante los desafíos a los que se enfrenta la agricultura. ¿Demasiado futurista? Quizás no tanto. Muchas mentes innovadoras están aprovechando la evolución de las tecnologías, sus capacidades, su rendimiento y su precio para plantear nuevas maneras de funcionar y hacerlo realidad en un plazo no tan largo. Veamos cómo.

3. *Ag biotech,* biotecnología agrícola

En esta categoría englobamos las innovaciones del ámbito biotecnológico aplicadas a insumos y alimentos para el campo y el ganado. Abarca desarrollos genéticos, del microbioma, de la alimentación o de la salud animal, como el desarrollo de fertilizantes o fitosanitarios alternativos o la transformación de los cultivos mediante técnicas de edición genética (p. ej., CRISPR) o biología sintética para mejorar su resistencia o su productividad.

Ag biotech es un área de gran interés para el sector y se ha convertido en objeto de deseo de las grandes corporaciones de la agroindustria tradicional. Un ejemplo significativo es Plant Response Biotech, una empresa derivada del Centro de Biotecnología y Genómica de Plantas (CBGP), entidad de investigación conjunta de la Universidad Politécnica de Madrid (UPM) y del Instituto Nacional de Investigación y Tecnología Agraria y Alimentaria (INIA) con más de 100 millones de dólares recaudados de inversores, entre los que figuran firmas como Bayer.

BIOME MAKERS
El suelo: un ecosistema vivo cuya salud se vigila con inteligencia artificial e ingeniería genética

Desarrollar una forma más sostenible y productiva de hacer agricultura a partir del análisis de uno de los biomarcadores más complejos, el microbioma del suelo, es el propósito de Biome Makers, compañía de biotecnología fundada en 2015 por Adrián Ferrero y Alberto Acedo. Esta *startup* con sede en California se dedica al análisis funcional de la biología de los suelos agrícolas con el objetivo de mejorar su productividad y la calidad de los productos que se obtienen de ellos. Para conseguirlo, Biome Makers ha desarrollado una tecnología patentada que integra la secuenciación del ADN y las tecnologías de computación ecológica que se aplica en tres soluciones:

- **BeCrop.** Es un primer asistente virtual de IA para la agricultura sostenible en colaboración con Bayer CropScience.
- **Gheom.** Se trata de un programa de evaluación independiente que mide el impacto de los insumos de cultivo y las prácticas agrícolas para apoyar una agricultura personalizada.
- **WineSeq.** Es una herramienta de ultrasecuenciación de ADN que identifica el microbioma del suelo de cultivo y las especies fermentativas.

El objetivo de Biome Makers es ser la herramienta estándar de medición de la salud del suelo. En 2021 cerró una ronda de 15 millones de dólares.

4. Agricultura inteligente, automatizada y de precisión

Suele decirse que lo que no se mide no se gestiona, o como dicen los anglosajones, *«no measure, no treasure»* («sin medición no hay tesoro»). En el caso del campo nos podemos preguntar cómo es posible medir el ritmo natural de la vida y, más aún, gestionarlo; cómo pasar de la intuición ancestral a decisiones basadas en datos, a la máxima optimización, a una agricultura de precisión en la que ese ritmo natural de la vida va dejando cada vez menos espacio al azar y a la incertidumbre.

Aquí es donde entran en juego herramientas que están llevando la agricultura a otro nivel; hablamos de digitalización, *big data,* analíticas predictivas y sistemas de robotización y automatización.

En cualquier proceso de digitalización todo comienza con la captura de datos y el registro de hitos, y para ello nuestro principal aliado es el IoT o, en una expresión que a mí me encanta, el *Internet de las cosas que crecen.* El abaratamiento de los sensores y los avances en las comunicaciones inalámbricas hacen que la sensorización sea una opción cada vez más accesible en la agricultura. El responsable de una explotación puede combinar la información procedente de estos sensores con sistemas de teledetección o imágenes tomadas desde satélites, drones o robots para crear mapas que le indican desde la tipología del terreno, su humedad o su contenido en nitrógeno y otros nutrientes hasta el nivel de vigor de las plantas. Añadiendo históricos de años anteriores o fuentes complementarias (p. ej., meteorológicas), puede aplicar herramientas analíticas basadas en IA para tomar decisiones: cuándo, dónde y cuánto regar o aplicar insumos; el momento adecuado para practicar una poda o poner en marcha la cosecha, etc.[4], todo ello sin siquiera acercarse al terreno, accediendo a la nube, donde esta información está disponible en tiempo real.

En un viñedo, por ejemplo, tareas como el desnietado (aclareo de brotes jóvenes) y el envero cuando la uva empieza a cambiar de color o el riego en función de la fase en la que se encuentre la viña son clave para diseñar un vino desde el campo y por ello se planifican de forma muy cuidadosa. Bodegas como Pago de Carraovejas practican este tipo de viticultura de precisión que aplican de forma selectiva en cada zona de sus viñedos en la ribera del Duero. El margen de error a la hora de predecir el momento de maduración de una campaña de vendimia puede encontrarse entre el 10 y el 25 %. Con sistemas de IA esta cifra puede pasar a apenas el 5-7 %[5].

En el mundo de la ganadería también se han desarrollado sistemas *wearables* para monitorizar la actividad de los animales que permiten conocer su actividad, si sufre estrés o algún problema de salud antes de que sea grave y hasta cuándo se encuentran en el momento óptimo para la inseminación y así poder tomar decisiones para mejorar el rendimiento y el bienestar animal.

Por ejemplo, controlar el ganado en los meses de pastoreo es uno de los problemas de la ganadería extensiva y, para resolverlo y además ayudar a rentabilizar esa actividad, la *startup* Ixorigue[6] ha creado Ixotrack, un collar que no solo localiza a los animales, sino que posibilita comprobar si están comiendo o si van a parir varias horas antes de que ocurra. Es una categoría que en la industria *foodtech* se conoce como *datos de animales (animal data)* y que incluye no solamente la obtención de esos datos, sino las herramientas para clasificarlos e interpretarlos, que al final es *la madre del cordero* de todo esto[7].

Mencionaba el interés de las agrocorporaciones en las *startups* biotecnológicas, pero no es menos su apetito por las dedicadas al dato. En un mundo en el que las regulaciones empujan hacia la reducción drástica de pesticidas y fertilizantes químicos, estos gigantes buscan posicionarse en *agtech* como alternativa a su negocio tradicional. Los datos, además, son el nuevo maná que promete ingresos y capacidad de control. El pistoletazo de salida de esta carrera fue la histórica compra de la *startup* de *big data* The Climate Corporation por parte de Monsanto por más de 1000 millones de dólares en 2013.

EC2CE
Acertar en el difícil equilibrio
de producción y demanda

ec2ce es una empresa andaluza de IA fundada en 2014 por Pedro Carrillo, quien lidera a un equipo de matemáticos, ingenieros y científicos de datos. Su objetivo es ajustar la cadena de suministro a la producción y a la demanda esperadas para mejorar la eficacia y la rentabilidad de las explotaciones agrarias. Utiliza analítica de datos y algoritmos con los que desarrolla herramientas predictivas personalizadas. Gracias a la información anticipada sobre cosechas, plagas y otras variables, el agricultor toma mejores decisiones en áreas como planificación logística, comercialización, *packaging* e incluso contratos comerciales. Saber con ocho semanas de anticipación cuál será la producción disponible (p. ej., en bayas como frambuesas o arándanos) o con sesenta días la de brócolis con un margen de error de un día reduce la incertidumbre en acopio y comercialización al mejorar las previsiones un 25 %. Además, permite acercarse a objetivos de sostenibilidad marcados por la UE en la estrategia «Del campo a la mesa», ya que el control de plagas mediante esta tecnología posibilita reducir el uso de fitosanitarios en un 30 %.

―――

5. Robots en la agricultura

Como en otras industrias, la robotización en la agricultura viene a resolver retos de productividad, eficiencia y costes, y también supone una solución ante la escasez de mano de obra, para aliviar tareas pesadas o para mejorar la seguridad de los empleados.

«En lugar de poner la inteligencia en los químicos, pongámosla en las máquinas», nos invita a hacer el profesor Blackmore, de la Universidad de Harper Adams (Gran Bretaña), «para asegurarnos de que el 100 % del producto llega donde tiene que llegar y solo la cantidad imprescindible».

Existen varios ejemplos de robots que se emplean en tareas como la cosecha de frutas y hortalizas. Sus ojos son sistemas cada vez más sofisticados de visión artificial. Además, cuentan con cerebros dotados de IA con los que son capaces de decidir qué frutos recoger o cuáles dejar en la mata y tienen brazos robóticos que tratan con cuidado frutos tan delicados como las fresas. Cada robot se especializa en un tipo de cultivo. La compañía Agrobot, nacida en Huelva, está abriéndose camino en California con su robot para cosechar fresas. Encontramos también robots para cosechar espárragos (como los de la holandesa AVL Motion) o para recoger fruta de los árboles mediante drones (Tevel Tech). Visiones más futuristas imaginan microrrobots tipo araña que recorren los campos de cultivo eliminando malas hierbas o aplicando un tratamiento en el punto exacto en el que se necesita o en su versión voladora, en la que van polinizando las plantas en sustitución de las abejas, cada vez más escasas. Una empresa danesa ha diseñado un gusano-robot de 1 cm que nada libremente en campos de arroz o en piscifactorías midiendo la huella de carbono, la eutrofización[8] o el uso excesivo de pesticidas y piensos.

Son todavía lentos y costosos, pero su eficacia crece de forma inversamente proporcional a su coste. Frente a estos inconvenientes, tienen ventajas, como su funcionamiento 24/7; la reducción de costes, principalmente en insumos; la independencia de factores externos, como el clima o las restricciones de movilidad de empleados, y menor riesgo sanitario (estos últimos, factores críticos durante la reciente crisis sanitaria).

Entretanto, ya podemos ver en el campo tractores automatizados capaces de realizar de forma completamente autónoma múltiples tareas propias del agricultor, como sembrar, pulverizar o cosechar. Un único operario puede manejar varios de estos gigantes a la vez sin necesidad de conducirlos. Hay numerosas compañías persiguiendo un hueco en este mercado; por ejemplo, Blue White Robotics, que además ofrece esta tecnología en modo servicio (*Robot-as-a-Service* [RaaS]), o Bear Flag Robotics, adquirida por el líder de los tractores John Deere. Un grupo de viticultores de la región de Champagne se ha reunido para invertir 11 millones de euros en VitiBot, un robot que utilizan en sus propios viñedos.

Otros espacios candidatos a dar la bienvenida a los robots son las granjas y las instalaciones ganaderas. Es lo que hace ChickenBoy, el simpático nombre que la *startup* barcelonesa Faromatics ha dado a su robot encargado de monitorizar pollos de engorde. Su misión es vigilar el comportamiento de los animales y medir condiciones como la temperatura, la calidad del aire, la luz y hasta el ruido; cualquier cosa que pueda afectar a su bienestar y a la productividad[9].

6. Nuevos sistemas de agricultura y ganadería

¿Cómo producir más alimentos sin incrementar la tierra cultivable o en zonas en las que las condiciones o el clima no permiten las formas de agricultura tradicional? ¿Y si pudiéramos llevar la agricultura a las zonas urbanas, acercarlas a los ciudadanos para que puedan disponer de productos frescos y de auténtica cercanía? ¿O introducirla directamente en los supermercados, los restaurantes o incluso sus hogares? ¿Sería posible hacer todo esto de modo eficiente, consumiendo menos agua, pesticidas y fertilizantes sintéticos y manteniendo el sabor?

Estas son las preguntas que intentan resolver los denominados *nuevos sistemas agrícolas (novel farming systems),* que incluyen algunos de los segmentos de mayor auge dentro de la industria *foodtech,* como los sistemas de cultivos *indoor* (invernaderos de alta tecnología o agricultura vertical), la acuicultura (para la producción de marisco y vegetales marinos, incluidas algas y microalgas) y lo que a mí me gusta llamar *nuevas ganaderías,* es decir, las granjas de insectos para la elaboración de alimentos para ganado, acuicultura y mascotas y para el consumo humano.

Agricultura en entornos controlados

Es la producción de plantas y de sus productos, como verduras, frutos o flores, en espacios en los que las circunstancias de cultivo están acondicionadas y estrechamente vigiladas para ofrecer las condiciones óptimas, como los invernaderos y los sistemas de agricultura vertical.

Se ha ido abriendo paso un nuevo concepto de agricultura de interior basada en dos conceptos clave: utilización de espacios no convencionales y sistemas altamente tecnificados para un control milimétrico de la producción. Dichos espacios pueden ser desde antiguos hangares hasta garajes urbanos o incluso contenedores de transporte. Usan sistemas de cultivo vertical sin suelo (hidropónicos o aeropónicos), iluminación led y plataformas de monitorización y gestión para mantener las condiciones óptimas de crecimiento. Y mantienen ese entorno bajo un estricto control gracias a las tecnologías de visión computarizada, IA y automatización. Estas técnicas de agricultura de precisión también entran en los invernaderos acristalados, que ahora podemos encontrar en lugares insospechados, como las azoteas de los supermercados. Cada uno de los elementos que intervienen en el cultivo de las plantas puede manipularse con precisión para influir en el resultado, como las longitudes de onda de la iluminación, el tiempo, los tipos de nutrientes, etc.

Las compañías pioneras en este campo, como AeroFarms, Gotham Greens o Plenty (BrightFarms), han alcanzado financiaciones por encima de los 200 millones de dólares. La *startup* berlinesa Infarm ha atraído mucha atención con su sistema de módulos 100 % gestionados, que ya ha instalado en supermercados, restaurantes o almacenes de diez países, entre ellos Kroger, Amazon Fresh o Marks & Spencer. Bueno, atención, y dinero: más de 600 millones de dólares hasta la fecha (los últimos 200 millones, provenientes del fondo soberano de Qatar, han impulsado esta empresa emergente al olimpo de los unicornios).

Un caso de uso interesante es el de la vainilla, pues no solo es un producto *superpremium* de alto precio, sino que además registra una gran volatilidad. El 70 % de la vainilla que consumimos procede de Madagascar. Las variaciones climáticas en los últimos veinte años han provocado un suministro altamente inestable y han disparado el precio de 25 dólares/kg a varios cientos de dólares. La *startup* israelí Vanilla Vida se propone resolver este problema con un sistema de cultivo en condiciones controladas, y para ello cuenta con los 11.5 millones de dólares captados en 2022.

Aunque el rápido avance de la tecnología ha mejorado sustancialmente algunos aspectos de los CEA, como su consumo eléctrico, para alcanzar sus altas expectativas[10] deben confirmar algunas de sus principales promesas, como la sostenibilidad, la huella de carbono, la productividad, etc., y si son capaces de lograr los resultados económicos (los famosos *units economics*[11]) que estos generosos inversores están esperando en tiempo y forma.

QUALITAS HEALTH
Un alga que vale su peso en oro

Miguel Calatayud se define como un granjero sofisticado empeñado en revolucionar la agricultura y la nutrición. Y el secreto para hacerlo reside en la *Nannochloropsis oculata,* un alga microscópica, y en la tecnología que Qualitas Health ha desarrollado, capaz de producir siete veces más proteína que la soja en la misma cantidad de terreno. Además, su omega-3 vegetal se absorbe un 30 % más que su equivalente de krill o un 60 % más que el de pescado; y todo ello, en dos granjas que suman 150 acres (60 ha) de tierra infértil en los desiertos de Texas y Nuevo México y usando como materias primas agua salada y dióxido de carbono (CO_2). El granjero sofisticado ha sabido encontrar la abundancia donde otros solo veían desierto. Quizás por ello el proyecto se ha valorado en 73 millones de dólares tras la inversión de 10 millones liderada por PeakBridge.

Granjas de insectos

En muchas culturas los insectos forman parte de la dieta. Dos mil millones de personas los consumen con la misma naturalidad que aquí comemos caracoles o marisco. Constituyen una fuente de proteínas de calidad y abundante, por lo que la cría de insectos se apunta como una interesante alternativa a la proteína animal, más sostenible y escalable. Según la FAO, «los insectos tienen un alto índice de conversión alimentaria; por ejemplo, los grillos necesitan seis veces menos alimento que el ganado vacuno, cuatro veces menos que las ovejas y dos veces menos que los cerdos y los pollos de engorde para producir la misma cantidad de proteínas». Además, especies como grillos, moscas de la fruta, saltamontes y gusanos de la harina o saltamontes precisan muy poca tierra o energía y se reproducen rápidamente y a lo largo de todo el año. Compañías como la francesa Ynsect (valorada actualmente en 600 millones de dólares) están liderando la captación de inversión *foodtech* en los últimos años. Esta *startup* nacida en 2011 está construyendo una fábrica capaz de producir 100 000 toneladas al año y dar empleo a quinientas personas.

Los primeros usos de los insectos como alimento están centrados en la producción de harinas para piensos, especialmente para la industria de las piscifactorías o para la acuícola[12], como Protix o la citada Ynsect. Algunas *startups* apuntan al alimento de mascotas. Cuando un insecto es reconocido como seguro por la agencia alimentaria competente (la Autoridad Europea de Seguridad Alimentaria [EFSA] en el caso de la UE), sus derivados también pueden introducirse como ingredientes en alimentos destinados al consumo humano, como pastas, galletas o bollería y productos procesados. La *startup* valenciana Trillions ya tiene en el mercado suplementos, barritas, *snacks* tipo chip y hasta gominolas proteicas a base de insectos, pensados fundamentalmente para dietas deportivas.

TREBIO
Proteína de insectos *made in Spain*

Tebrio (antes MealFood Europe), la empresa fundada en 2014 por Adriana Casillas y Sabas de Diego con base en Salamanca, es un ejemplo del empleo y de la crianza de insectos para la industria *foodtech*. En esta *startup* se transforma el escarabajo molinero *(Tenebrio molitor)* en ingredientes *premium* para alimentación animal, nutrición vegetal y otros usos bioindustriales. Además de liderar la cría industrial de este insecto, Tebrio ha desarrollado su propio proceso de crianza y producción, un modelo que constituye el factor diferencial de la empresa y que resuelve problemas clave de la cría masiva de insectos que actúan como cuellos de botella. Además, la compañía funciona mediante un modelo de economía circular, por lo que no genera ningún residuo. Su huella de carbono es muy reducida, así como su emisión de gases de efecto invernadero, su consumo de agua o la necesidad de terreno de la explotación.

———

7. Carbono: ¿un nuevo negocio agrícola?

El secuestro de carbono lleva en activo unos treinta años, aunque generalmente se ha asociado a la regeneración de bosques. Sin embargo, es relativamente nuevo el concepto de agricultura de carbono *(carbon farming)* asociado a las tierras de cultivo y el mercado desarrollado en torno a ella, cuyo interés ha crecido notablemente en el último año. Y no es de extrañar si tenemos en cuenta que las tierras de cultivo del mundo tienen el potencial de secuestrar hasta 570 millones de toneladas de carbono al año[13].

«Las tierras de cultivo del mundo tienen el potencial de secuestrar hasta 570 millones de toneladas de carbono al año».

La idea es sencilla: los agricultores que introducen prácticas que favorecen la captura de CO_2, como los cultivos de cobertura, eliminar el laboreo y la quema de residuos, reciben créditos de carbono que pueden usar para compensar su propia huella y para comerciar con ellos. Cada tonelada de CO_2 secuestrado se cotiza a unos 30 euros.

Gracias al mercado voluntario de carbono, estos bonos se han convertido en activos apreciados por empresas que desean acercarse a la neutralidad en CO_2. La innovación en este campo ha estado impulsada por la iniciativa privada en torno a estos mercados, pero ahora empieza a entrar en la agenda política. Así, en diciembre de 2021 la Comisión Europea presentó la Comunicación sobre Ciclos Sostenibles del Carbono, cuyo objetivo es lograr la neutralidad climática del sector en 2035. Además, anuncia planes para que Europa introduzca un marco regulador para la contabilidad y la certificación de las eliminaciones de carbono a finales de 2022.

Sin embargo, lo que parece una interesante oportunidad para generar ingresos complementarios tiene importantes retos: cómo medir y registrar efectivamente la captura de carbono, cómo verificarlo y certificarlo y cómo comerciar con ello de forma sencilla. *Startups* como Indigo y Mori en EE. UU. y Agreena Carbon en Europa vienen a resolver estos desafíos. El modelo de Agreena Carbon, por ejemplo, es una solución tipo plataforma que da servicio a agricultores y a empresas. Por un lado, ayuda a los agricultores a medir y certificar el almacenamiento de carbono en el suelo valiéndose de sistemas de imágenes satelitales y muestreos, a partir de los cuales emite los certificados de CO_2 que son validados por la DNV[14]. Por otro lado da servicio a las empresas que acuden a este mercado para adquirir certificados con los que compensar sus emisiones de CO_2.

La *startup* española ClimateTrade ha optado por tokenizar[15] con *blockchain* bonos de carbono a través de un *marketplace*. Esta tecnología busca aportar trazabilidad en este mercado al que acuden compañías como Iberia, Telefónica o Cabify.

8. Ganadería por control mental

En otro ámbito diferente pero también con poderosas implicaciones de cara al futuro, Elon Musk, a través de su *startup* Neuralink[16], está probando sistemas de interfaz cerebro-ordenador con el objetivo de monitorizar en tiempo real la actividad neuronal.

Su propósito final es ayudar a resolver enfermedades neurodegenerativas en humanos. Las primeras pruebas se están realizando en cerdos. Independientemente del camino que tome la iniciativa en el campo de la salud humana, ¿te imaginas las implicaciones que podría tener su uso en el campo de la ganadería?

Cuando el precio de los dispositivos y el proceso de implantarlos llegue al nivel adecuado, ¿podría ser una fuente de seguimiento de bienestar animal? ¿Sustituirá a las soluciones de sensorización para el seguimiento en tiempo real que están empezando a implantar las granjas más modernas actualmente? ¿Qué información adicional del comportamiento animal, útil para la producción de carne, nos podría facilitar? Conectada directamente a una cadena de *blockchain* que registre de forma inmutable el estado del animal, incluso sus emociones, ¿nos podrá confirmar si el cerdo, la vaca o la oca fueron felices mientras vivieron, si sufrieron estrés? ¿Podremos entonces realmente estar seguros de que estamos comiendo *foie* de patos felices? ¿Llegará esto antes que el *micuit* de agricultura celular?

CLAVES DE *AGTECH*

- El sector primario es el escenario de algunos de los retos del sistema de alimentación más urgentes, relacionados con el cambio climático, la lucha contra el hambre, la salud de las personas y el desperdicio alimentario.
- *Agtech* engloba los servicios y tecnologías para mejorar la eficiencia, productividad y sostenibilidad de la agricultura y la ganadería en cuatro segmentos: agrobiotecnología, agricultura inteligente y de precisión, *marketplaces* agrícolas y nuevos sistemas de cultivo y ganadería.
- La aplicación de estas técnicas será fundamental para lograr reducir el uso de pesticidas y fertilizantes en un 30 % y alcanzar un 25 % de cultivos ecológicos en la UE en 2030.

4
ALIMENTOS ALTERNATIVOS: SACAR A LOS ANIMALES DE LA ECUACIÓN

«Food is the new Internet»
(«La comida es el nuevo Internet»).
Kimbal Musk (2015),
restaurador, empresario, filántropo y
consejero de Tesla y SpaceX.

1. ¿Qué son los alimentos alternativos?

En 2018 impartía una ponencia para la Asociación de Antiguos Alumnos de la Escuela Agraria Cogullada, en Zaragoza. El auditorio estaba conformado por profesionales y empresarios del mundo agropecuario que cada año se reúnen para conmemorar su paso por el centro y mantenerse al día del sector.

Apenas había comenzado, ya podía oír los murmullos ante ideas como la inminente llegada de las hamburguesas de carne vegetal y la cercanía de otras técnicas, como la impresión 3D o la carne cultivada.

«La producción de proteínas se está trasladando desde las granjas hasta los laboratorios y las fábricas».

Durante el turno de preguntas, un reconocido ganadero, ya retirado pero todavía muy activo y orgullosamente ligado a su actividad, se levantó y, dirigiéndose a los asistentes, afirmó: «Estamos todos de acuerdo en que esto no va a ocurrir». Y su pregunta, cargada por otra parte de sentido común, fue: «¿No sería mejor dedicar todos estos esfuerzos a criar mejor a nuestros corderos?». Recuerdo esta anécdota con muchísimo cariño, no solo por lo entrañable del momento, sino porque de alguna forma refleja el efecto de la innovación disruptiva en algunas personas y organizaciones, que se materializa en un sentimiento de desconcierto, amenaza, desconfianza y, en definitiva, rechazo. Es el denominado *sistema inmunitario* de las organizaciones[1]. Como el miedo en los humanos, es muy útil en unas ocasiones, pero puede resultar letal si nos paraliza.

Lo cierto es que la comida vegana y las hamburguesas de lentejas existen desde hace tiempo, pero acotadas a un público limitado y a unos canales muy concretos: tiendas especializadas o algún pequeño espacio en el supermercado que reúne productos para dietas especiales: comida sin gluten, sin lactosa, para vegetarianos, para veganos, etc.; nada que pudiera preocupar al sector... hasta ahora.

¿Qué ha ocurrido para que los productos de base vegetal *(plant-based)* o falsas carnes desarrolladas a partir de proteínas vegetales y la carne cultivada *(cell-based)* hayan saltado a las páginas de los medios masivos? ¿Para que los fondos de inversión se hayan lanzado a la carrera en la búsqueda de proyectos que sumar a sus carteras multiplicando por 10 las inversiones en tan solo cinco años? ¿Para que los incumbentes del sector, las grandes empresas de alimentación tradicional, hayan abrazado «al enemigo» y se hayan lanzado a crear sus propias gamas de carne sin cerdos, pescado sin peces y lácteos sin vacas? ¿Para que organizaciones como el Foro Económico Mundial (FEM) abracen estas técnicas sin ambages o líderes empresariales como Bill Gates incluso nos inviten a que sean nuestra principal fuente de proteína? En definitiva, ¿qué ha ocurrido para que la producción de proteínas se esté trasladando desde las granjas hasta los laboratorios y las fábricas?

2. Motivos que han impulsado el mercado de los alimentos alternativos

Emprendedores en pos de la sostenibilidad

Cada año la humanidad consume 72 000 millones de animales, diez veces más que los habitantes de la Tierra[2]. Actualmente más de las tres cuartas partes de la tierra agrícola se utilizan para criar y alimentar al ganado, que proporciona un tercio del suministro global de proteína[3].

Aunque sea la forma ancestral en la que nos hemos alimentado, y a pesar de los esfuerzos de optimización llevados a cabo hasta la fecha —por ejemplo, sistemas considerados muy eficientes como en Holanda o España ofrecen consumos de agua entre un tercio y la mitad que los valores mundiales[4]—, viendo estos números puede parecer una manera ineficiente de conseguir la energía que necesitamos para vivir, que, además, está llegando a su límite de capacidad.

Si bien la carne aporta en nuestra dieta micronutrientes que no encontramos en las plantas, como los aminoácidos esenciales, la cantidad de carne que requerimos para cubrir esta necesidad nutricional es muy inferior a los consumos que hemos alcanzado actualmente en el mundo occidental[5].

Aunque la quema de combustibles fósiles sigue siendo la principal fuente de gases de efecto invernadero, según la FAO, el 29 % de estas emisiones proceden de la cadena de suministro que lleva los alimentos del campo a la mesa, y un 14.5 % corresponde a la ganadería[6]. Son solo algunos ejemplos del impacto medioambiental que han alcanzado este tipo de prácticas, al que hay que añadir el efecto sobre la biodiversidad provocado por la deforestación.

> **«Más de las tres cuartas partes de la tierra agrícola se utilizan para criar y alimentar el ganado, que proporciona un tercio del suministro global de proteína».**

«Según la FAO, el 29 % de las emisiones de gases de efecto invernadero proceden de la cadena de suministro que lleva los alimentos del campo a la mesa, y un 14.5 % corresponde a la ganadería».

Datos como estos son los que han impulsado a personas procedentes del mundo de la ciencia y la investigación, como Mark Post, fundador de Mosa Meat, empresa pionera en el desarrollo de carne cultivada, Joe Puglisi, profesor de Biología en Standford y «padre científico» de la Beyond Burger, o Patrick O. Brown, profesor emérito en el Departamento de Bioquímica de la Universidad de Stanford, a dedicar su vida a buscar alternativas más eficientes y sostenibles y, al menos, igual de nutritivas y sabrosas. Algunos ya tienen sus productos en el mercado, e incluso han creado grandes empresas de valoraciones millonarias, aunque todavía tienen que afinar sus formulaciones y alcanzar economías de escala para hacer sus alimentos alternativos realmente accesibles. Otros solo esperan la autorización regulatoria para lanzarse a la carrera de conquistar a los consumidores. Son los creadores de una nueva generación de alimentos alternativos que buscan, si no sustituir completamente, sí reemplazar la carne y productos de origen animal en muchos de nuestros momentos de consumo.

Consumidor consciente de su salud y de la del planeta

Antes de 2020 el consumidor consciente, aquel que se preocupa por la salud propia y por el impacto de su forma de alimentarse en el planeta, ya aparecía como la tendencia número 1 que había que tener en cuenta[7]. En España la salud ya era el principal motivo de la población *veggie* para reducir el consumo de carne, pues le preocupa la salud intestinal, el riesgo de cáncer, las enfermedades cardiovasculares, el peso, el uso de antibióticos, etc.[8]. La pandemia solo ha incrementado estas inquietudes.

En relación con el impacto ambiental, a los consumidores les inquieta el cambio climático, y buscan adoptar estilos de vida más respetuoso con el medioambiente. El bienestar animal viene a completar este triángulo del consumidor consciente. Tres cuartas partes de los estadounidenses desean consumir carne, huevos y lácteos que garanticen el bienestar animal[9], mientras que a este lado del Atlántico el 75 % de los franceses dicen sentirse incómodos con la forma en la que se produce el *foie*. Esta percepción varía según la geografía, lógicamente, aunque en España también estamos viendo marcas que, como Tello, han escuchado este runrún y han decidido etiquetar y publicitar sus productos con un sello de garantía de bienestar animal como factor diferencial. Los huevos ecológicos y de gallinas no enjauladas cada vez ganan más espacio en los lineales del supermercado.

Los consumidores, especialmente los nuevos, las tan mencionadas generación Z y generación *millennial,* no solo consumen ya más productos *plant-based* que las generaciones anteriores, sino que están más dispuestos a probar productos innovadores, como los procedentes de la agricultura celular[10]. La generación Z empieza a incorporarse al mercado laboral y pronto será la cohorte de consumidores más grande y, por tanto, la más influyente. Es una generación 100 % digitalizada, aficionada a las criptomonedas e inclinada a la justicia social y la sostenibilidad medioambiental y que lo manifiesta en sus comportamientos económicos.

No se trata de que la población haya decidido de repente convertirse en vegana, sino de que hay un creciente número de personas que intencionadamente desean reducir la ingesta de productos de origen animal y sustituirlos por productos vegetales pero que disfrutan y no quieren renunciar a una experiencia gastronómica equivalente a la que obtienen consumiendo los productos originales. Es un segmento de población que en España ha pasado del 6.3 al 10.8 % entre 2017 y 2021[11] y que en Europa alcanza el 22.9 %[12]. Son los flexitarianos, que se unen a otras tribus alimentarias ya existentes, como los veganos y vegetarianos, y a otras aún más recientes, como los reducetarianos y los climatarianos.

Uno de los aprendizajes interesantes de algunos estudios sobre percepciones y comportamientos de los consumidores es que su actitud cambia en la medida en la que están más familiarizados con la existencia de estos nuevos sistemas de producción o cuando conocen la influencia de la producción de carne en el medioambiente[13,14,15].

«Los flexitarianos se unen a otras tribus alimentarias existentes, como los veganos y vegetarianos, y a otras más recientes, como los reducetarianos o los climatarianos».

Así que es razonable pensar que, conforme circule más información y avance la familiarización de los consumidores con estos productos y técnicas, la concienciación, la aceptación y las conductas de consumo también se verán afectadas. El propio salto de estos temas a los canales de comunicación masivos, impulsado por el atractivo de los avances científicos, por la oportunidad económica, por la novedad o incluso por la polémica, no deja de actuar como catalizador del movimiento *alt food*.

Desequilibrio población-producción

La población sigue creciendo y también su nivel de ingresos. En 2018 se alcanzó el hito de que más de la mitad de la población se puede considerar de clase media o superior. Esto ha impulsado el cambio progresivo a una dieta en la que pierden peso los vegetales y los hidratos y ganan protagonismo los lácteos y, especialmente, la carne, tirando de la demanda y tensionando al máximo la capacidad de satisfacerla. En concreto, el consumo global de proteína animal (carne y pescado) ha pasado de 29 kg por persona y año en 1960 a 68 kg en 2020[16]. La cuestión es: a este ritmo, ¿serán capaces los sistemas de ganadería y pesca actuales de satisfacer esta demanda de proteínas en 2050? Y, de hacerlo, ¿con qué impacto lo harán en términos de uso de tierra cultivable, consumo de agua, emisión de gases o sobreexplotación de los mares?

Tecnología

Nos permite llegar allá donde la ganadería tradicional (extensiva o intensiva) agota sus posibilidades. Las técnicas de cultivo celular, extraordinariamente costosas hace unos años, evolucionan, son más eficientes, económicas y escalables. La convergencia de la IA y los avances genéticos y en las ciencias ómicas convierte una técnica milenaria como la fermentación en una oportunidad revolucionaria para lograr alimentos nutritivos y saludables de una forma diez veces más eficiente y con una escalabilidad exponencial.

Oportunidad de mercado y apuesta de las corporaciones

El mercado de carne, lácteos y huevos mueve anualmente en el mundo 1.8 billones de dólares (sí, de los españoles: 1.8 millones de millones). Solo con lograr un 10 % de este mercado (como prevé A. T. Kearney para la carne en 2025) estaríamos hablando de una oportunidad de 120 000 millones. La misma firma prevé un 6 % de cuota de mercado para los lácteos y del 1 % para los huevos, sin contar con las oportunidades en otros verticales como el pescado, el marisco, los alimentos para mascotas e incluso las alternativas a la piel y el cuero.

Si bien las *startups* han tenido un papel clave a la hora de impulsar esta industria, algunos de los gigantes de la alimentación, como Tyson Foods, JBS o Cargill, se están lanzando abiertamente a esta carrera. O Unilever con la compra de The Vegetarian Butcher; de hecho, en un informe científico de la propia compañía[17], recomienda la dieta *plant-based* por motivos tanto de salud como de medioambiente. Y su estrategia pasa por ofrecer una alternativa de base vegetal en todas sus categorías de producto. Vall Companys, una de las principales cárnicas españolas, ha creado su propia división *plant-based*. Veremos su caso en detalle más adelante.

Apetito inversor

Ante estas expectativas, no es de extrañar que se hayan multiplicado los fondos especializados en proteínas alternativas, como New Crop Capital, Big Idea Ventures o New Carnivore. Sin dejar de ser una apuesta de alto riesgo, ya que no todos los proyectos lograrán sus objetivos, los retornos teóricos pueden resultar importantes; incluso meteóricos si nos fijamos en la carrera de Beyond Meat.

La imagen de los fundadores de Beyond Meat durante su estreno en el Nasdaq en 2019 es el hito al que aspiran las empresas de la industria *alt food,* con una salida a bolsa que no se veía desde los tiempos de Yahoo! durante el llamado *boom de las puntocom* que nos indica cómo cada vez más la industria *foodtech* se va asemejando a la del *software* y tiene muchas cosas que aprender de cómo ha evolucionado, qué modelos de negocio ha desarrollado y cómo se han producido las interacciones del ecosistema[18].

Apoyo público

Diversas regiones del mundo están compitiendo para desarrollar la proteína del futuro por motivos de sostenibilidad o de soberanía alimentaria. Singapur, que importa más del 90 % de los alimentos que consume, quiere reducir ese porcentaje al 70 % en 2030. Qatar, con un problema similar, pretende ser el segundo país del mundo en permitir la comercialización de carne cultivada, para lo que ha impulsado una gran planta de producción en colaboración con Eat Just cuya inversión rondará los 200 millones de dólares. Países Bajos ha anunciado una estrategia nacional de proteínas orientada a la producción de proteína vegetal. Canadá ha financiado con más de 100 millones de dólares una planta de producción de proteína vegetal. Israel cuenta con más de cien empresas dedicadas a esta industria. Reino Unido ha subvencionado con un millón de libras a Roslin Technologies, *startup cell-based* con sede en Edimburgo. El banco público francés Bpifrance ha participado en la ronda de diez millones de dólares captada por la *startup* de *foie* cultivado, Gourmey, de la que hablaremos más adelante. Dinamarca ha acordado una Estrategia de Transición Verde que incluye el objetivo de convertirse en líder mundial en alimentos *plant-based* y proteínas verdes. El Gobierno español ha mostrado interés por el mundo de las proteínas alternativas materializado en sendas inversiones: 250 000 euros en NovaMeat y 5.2 millones de euros en Cultured Meat, proyecto liderado por BioTech Foods. Esta empresa emergente vasca de carne cultivada también recibió en 2020 2.7 millones de euros del programa Horizonte 2020 de la Comisión Europea.

Es una buena noticia que los estados quieran estar muy cerca de la innovación más puntera y de las compañías que están liderando esta carrera. En una industria naciente, el objetivo es atraer y mantener cerca los mejores proyectos para convertirse en el *hub* de referencia de la región. ¿Quién se llevará el gato al agua? Como se suele decir, la mejor forma de predecir el futuro es creándolo.

Gráfico 4.1. Inversión en proteínas alternativas (capital y operaciones)

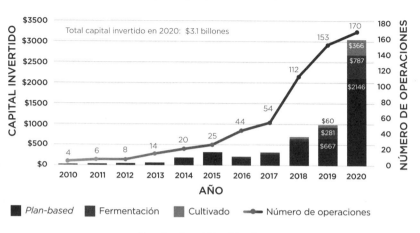

Fuente: Good Food Institute
* Datos en billones americanos (escala numérica anglosajona)
Equivalencia $1B = 1000 millones (escala numérica europea).

Iniciativas regulatorias

Desde la ONU, la FAO, la UE o los Gobiernos se están promoviendo iniciativas para fomentar entre la población dietas con menor presencia de carnes y mayor protagonismo del mundo vegetal.

En Europa contamos con el Pacto Verde *(Green Deal),* una de cuyas secciones es precisamente la iniciativa «Del campo a la mesa» *(«From Farm to Fork»),* aprobada en octubre de 2021 y que plantea varias líneas estratégicas para hacer los sistemas alimentarios más justos, saludables y respetuosos con el medioambiente. En concreto, apuesta por una forma de producir, procesar, distribuir y consumir alimentos más sostenible y saludable.

En Inglaterra, la Estrategia Alimentaria Nacional *(National Food Strategy),* lanzada en julio de 2021, recomienda reducir el consumo de carne un 30 % en los próximos diez años.

3. Retos de la industria de los alimentos alternativos

Las perspectivas de la industria de las proteínas, y en general de los alimentos alternativos, son prometedoras, pero no dejan de estar condicionadas por un buen número de retos, algunos de gran peso y de solución no evidente o puramente técnica, ya que dependen de cuestiones como la cultura o las percepciones del consumidor. Estos son algunos:

- **Aceptación del consumidor.** Avanza a paso firme en las categorías *plant-based,* pero es más compleja en el campo de las carnes de laboratorio, que se perciben todavía como algo «poco natural»; de ahí que surjan diferentes iniciativas para anticipar la nomenclatura más adecuada. De momento parece que «carne cultivada» es la que recibe más aceptación frente a otras como «carne sintética«, «carne de laboratorio» o «carne de base celular».
- **Paridad en el precio.** La mayoría de los productos *plant-based* son todavía más caros que los convencionales, aunque, según se avance en formulaciones, ingredientes y, sobre todo, producción a escala, se irán acercando a esa deseada paridad. En el caso de la carne cultivada, donde los costes son todavía más elevados, esta barrera resulta todavía mayor, si bien con una inversión en innovación e infraestructura la carne cultivada podría ser competitiva entre 2030 y 2035[19, 20]. En ese camino se encuentran *startups* como Future Meat, que en 2021 inauguró la primera planta industrial de carne cultivada con capacidad para producir 500 kg diarios de pechuga de pollo cultivada a 3.90 dólares. Entre tanto, será un producto poco accesible para la mayoría de la población.
- **Paridad en las características.** Las alternativas *plant-based* o carnes de base vegetal de nueva generación ya han supuesto un cambio significativo respecto a las generaciones anteriores de productos de proteína vegetal. Sin embargo, todavía deben avanzar en textura, sabor, color y calidad nutricional para lograr ese objetivo preciado del mimetismo completo.

- **Alimentos procesados y etiquetas limpias.** Los productos ánalogos disponibles en el mercado son el resultado de formulaciones complejas en las que intervienen un número considerable de ingredientes. Aunque algunas marcas trabajan en mejorar estos aspectos, de momento no terminan de encajar con otra tendencia muy marcada hacia productos menos procesados y «etiquetas limpias».
- **Escalabilidad.** La industria *plant-based* puede encontrar algunos cuellos de botella en las infraestructuras de producción, actualmente muy concentradas y no suficientes para absorber toda la demanda que se vaticina, y también en el cultivo de las materias primas suficientes para alimentar esta producción. En el ámbito *cell-based* y de fermentación se está trabajando en hacer más eficientes las infraestructuras de cultivo, que han de adaptarse del entorno farmacéutico del que proceden, en el que las cantidades que hay que producir son muy inferiores a los volúmenes propios de una industria de consumo como la de la alimentación.
- **Regulación.** Actualmente Singapur es el único país que permite la comercialización de carne cultivada. Qatar quiere ser el segundo. Sin embargo, dos grandes mercados, Europa y EE. UU., dependen de las decisiones que tomen sus respectivas agencias de seguridad alimentaria. Los mercados más permisivos o más rápidos a la hora de abrir la regulación se convertirán en focos de atracción de inversiones, operaciones y actividad en torno a estas industrias ansiosas por empezar a monetizar sus millonarias inversiones.
- **Impacto ambiental.** Las proteínas procedentes de la agricultura celular o de la fermentación utilizan técnicas intensivas en el uso de energía. Si se usaran exclusivamente fuentes de energía renovables, la huella de carbono frente a la de la ganadería convencional bajaría un 80 %. Por tanto, para lograr la viabilidad económica, la deseada paridad y los beneficios medioambientales prometidos, necesitarán ubicarse cerca de estas fuentes de energía o esperar a que las renovables alcancen mayor implantación.

4. Modelos de negocio de alimentos alternativos

Un modelo de negocio es la forma en la que generamos, capturamos y entregamos valor. El mundo de los alimentos alternativos abre un abanico de opciones no solamente para nuevos productos, sino para diferentes fórmulas y modelos de negocio en una cadena de valor cada vez más amplia, compleja y especializada.

En un inicio muchos pioneros intentan cubrir toda la cadena con un modelo bastante integrado que cubra varios segmentos, desde la formulación hasta la comercialización, al menos para abrir el mercado y establecer la categoría. Pero es difícil ser especialista, ágil y competitivo en todo; de ahí esa especialización que podemos ver en tres áreas:

- **Proveedores de productos finales.** Estarán más o menos integrados hacia atrás, pero difícilmente serán óptimos en todo, especialmente en los primeros segmentos de materias primas o ingredientes o en la producción.
- **Especialistas B2B.** Sea de ingredientes, de formulaciones o de procesos industriales (los llamados *maquiladores [co-packers* o *co-manufacturers]*). Algunos, de ingredientes, se significarán tanto que, aunque su modelo sea B2B, querrán desarrollar una marca propia como garantía, una especie de *Intel inside.*
- **Tecnología e infraestructuras.** Desde las técnicas 3D, bioimpresión y biorreactores hasta los especialistas en IA o en ingeniería genética.

Aquellos cuya orientación sea más B2C tendrán entre sus actividades y recursos clave la creación de marca y el acceso al mercado lo más rápido y globalmente posible. Imperarán la divulgación y generación de confianza en el consumidor a través del *retail* y del *food service* como aliados estratégicos.

En los modelos B2B la principal propuesta de valor se basa en aportar componentes y/o procesos que permitan la diferenciación en las formulaciones de los productos en un mercado que tenderá a «comoditizarse»[21]. Por ejemplo, hay gran interés por parte de la industria de ingredientes que aporten color (el factor «hamburguesa sangrante»), aromas o grasas, que mejoren la textura o que incluyan omega 3-6 u otros ingredientes funcionales de forma lo más natural y compatible posible con el concepto del etiquetado limpio *(clean label)*. Esta es una tendencia cada vez más marcada en ese consumidor consciente que busca productos elaborados con un número limitado de ingredientes naturales, fáciles de reconocer y saludables. También se persiguen elementos muy orientados a la optimización y reducción de costes.

En un mundo que tiende cada vez más a la servitización, cualquiera de estos sistemas tiene potencial de desarrollarse en modelos «como servicio», y algunos incluso como *Food-as-Software*. Las grandes marcas quizás se planteen desarrollar modelos completamente integrados como los que vemos en algunos sectores cárnicos o en el mundo del automóvil, aunque de momento, en estas fases iniciales, de mayor riesgo y de cambios tan rápidos, los modelos que están abriéndose camino tienen que ver más con la innovación abierta o colaborativa.

PASCUAL INNOVENTURES
Innovar por tradición y por futuro

El espíritu innovador siempre formó parte del ADN de la empresa fundada por Tomás Pascual en 1969. De su mano llegaron aportaciones pioneras al mercado español, como el UHT, el envase de brik o las primeras bebidas de soja. Pero, avanzada ya la segunda década del siglo XXI, la compañía es consciente de que el mundo en el que vivimos no solo es diferente, sino que cambia de forma cada vez más rápida. Las tecnologías, los nuevos emprendedores y las transformaciones de hábitos de los consumidores tensionan un sistema de alimentación que se ve afectado por la disrupción, igual que otros sectores que ya no volverán a ser igual. Se trata de una ola que debe surfearse con una forma distinta de innovar.

El mundo de las tecnologías abre un universo de posibilidades desconocido hasta la fecha. Entran nuevos jugadores, como las *startups* y una generación de emprendedores con formas de trabajar diferentes, más flexibles, más osadas, más ágiles, etc., y también un consumidor más consciente que se guía cada vez más por la sostenibilidad, el impacto y la conveniencia. Es un nuevo terreno de juego, como contaba Sejal Ravji, director de Pascual Innoventures, en el que hay que colaborar con nuevos actores, pensar en tiempos distintos y empezar a jugar con unas reglas todavía por definir. En esta partida la familia Pascual apuesta por liderar la transformación de la industria láctea. Con estos mimbres se tejió entre 2019 y 2020 Pascual Innoventures.

Pascual Innoventures

Es un vehículo de *corporate venturing* flexible y abierto para afrontar los retos del mundo de ahora y mejorar el sistema alimentario, un espacio donde puedan nacer los nuevos negocios del futuro para Pascual y que se fundamenta en tres pilares:

1. Comenzar con el propósito de «dar lo mejor para el futuro» antes que con los números y los tradicionales cálculos de un plan de negocio.
2. Una cultura y una forma diferente de hacer las cosas que se materializa en una entidad independiente fuera de la corporación, con estructura y procesos independientes para poder gozar de la máxima autonomía, pero con la suficiente proximidad para aprovechar las sinergias y el conocimiento atesorado por la matriz.
3. Una visión de la innovación abierta como un marco de colaboración real.

Tras varios meses investigando y aprendiendo de las experiencias de más de treinta miembros de este ecosistema (otros directores de innovación, inversores, aceleradoras, consultoras, etc.) y analizando diferentes fórmulas (*corporate venturing, venture building,* intraemprendimiento, *venture client,* etc.) en busca de la perfecta, Ravji, con la colaboración de Eatable Adventures, conformó una estrategia híbrida: «No hay una única forma de hacer las cosas; en realidad es un puzle que nunca acaba de crecer porque siempre encontramos nuevas piezas». Al final, la fórmula elegida por Pascual es ser agnósticos a las herramientas, mantener una constante mentalidad de aprendizaje, en línea con las metodologías *lean* (crear, medir y aprender), y no perder nunca los valores de la compañía (sociedad, nutrición, salud, bienestar y seguridad alimentaria).

De ahí nacen varios proyectos, algunos muy experimentales, con el objetivo de investigar y aprender, como The Goods, un *marketplace* directo al consumidor (DTC) de productos saludables; o Canallas, una comunidad de bienestar para la generación *silver*, y otros relacionados con la sostenibilidad y la circularidad, como Señor Mendrugo, fruto de la colaboración con la *startup* RobinGood y la cervecera artesana de Arganda Mica, que se basa en la revalorización *(up-cycling)* de productos secos, como la miga de pan, para hacer una cerveza ecológica. Sin embargo, el proyecto con mayor proyección y potencial impacto es Mylkcubator.

Mylkcubator

Nació en 2021 como la primera incubadora de proyectos de cultivo celular para el sector lácteo en todo el mundo. Su objetivo es crear la leche del futuro. El rápido avance de las tecnologías *cell-based* augura un fuerte potencial de disrupción en el sector lácteo. Las proteínas apenas suponen un 3 % del volumen de la leche y sus productos no requieren una estructura compleja, como hemos visto en el caso de la carne, así que la distancia al mercado de productos lácteos basados en técnicas de cultivo celular o fermentación se presume inferior.

La primera cohorte de Mylkcubator ha incorporado tres *startups* que desarrollan proteínas mediante técnicas de fermentación de precisión: Real Deal Milk (España), Zero Cow Factory (India), especializada en caseína A2, y De Novo Dairy (Sudáfrica). Por su parte, M2Factors, subsidiaria de 108Labs (EE. UU.), se especializa en el desarrollo de medios de cultivo y factores de crecimiento para técnicas *cell-based*.

Principalmente existen proyectos en fase de semilla que encajan dentro de los diferentes segmentos de la cadena de valor *cell-based* (líneas celulares, técnicas y medios de cultivo, ingredientes, etc.), sistemas de fermentación (microorganismos, nutrientes de fermentación o bioprocesados), así como tecnologías aplicadas (de biorreactores a sistemas de modelización vía IA y *machine learning*), con el objetivo de crear un *stack* tecnológico[22] que complete todo el puzle.

CLAVES DE ALIMENTOS ALTERNATIVOS

- La categoría de Alimentos alternativos es la reina de la industria *foodtech* por volumen y relevancia de *startups* e inversión, por su capacidad disruptiva y por su impacto potencial en los retos del sistema de alimentación.
- Se incluyen aquí las categorías de alimentos de base vegetal, de fermentación y microproteínas y las técnicas de cultivo celular.
- Las tecnologías que habilitan esta nueva industria van desde la fermentación o la extrusión hasta la bioimpresión e impresión 3D, además de innovaciones en el campo de la biotecnología y la genética.
- Está desarrollando una industria en sí misma, con una cadena de valor cada vez más especializada y compleja en la que se asienta todo un ecosistema de compañías y modelos de negocio tanto B2B como B2C, incluidos formatos *Food-as-Software,* con importantes oportunidades también para el sector primario e interesantes opciones de economía circular.
- Todavía tiene importantes retos por delante, especialmente relacionados con la evolución de los productos; la paridad, escalabilidad y optimización de los procesos industriales; la confirmación de los beneficios medioambientales prometidos, y la accesibilidad global.
- El carácter disruptivo de las propuestas, la iniciativa y el liderazgo protagonizado por *startups* ágiles y osadas y el interés posterior de la industria tradicional han abierto la puerta a novedosas fórmulas de trabajo colaborativo e innovación abierta y a una carrera por desarrollar nodos de innovación especializados en diferentes geografías.

5
ALIMENTOS ALTERNATIVOS DE BASE VEGETAL O *PLANT-BASED*

«La carne de hoy se hace básicamente con tecnología prehistórica, utilizando animales para convertir las plantas en esta categoría muy especial de alimentos... Pero para el consumidor típico... la propuesta de valor de la carne no tiene nada que ver con que provenga de un animal».

Patrick O. Brown, ´
fundador de Impossible Foods

1. ¿Qué entendemos por *plant-based*?

Patrick se crio comiendo hamburguesas con su familia. Como en muchos hogares estadounidenses, era una tradición dominical, pero con el tiempo fue incrementando su inquietud por la influencia de la ganadería intensiva en el medioambiente. En 2011 Patrick, convertido ya en Patrick O. Brown, doctor en medicina y profesor de bioquímica de la Universidad de Standford, transformó esa inquietud en una auténtica obsesión por entender qué hace que la carne sepa a carne. Reunió a un equipo de científicos que le ayudó a identificar molecularmente todas las características de una hamburguesa y descubrió que «no hay una molécula de carne [que aporte todos sus sabores o aromas]. Cuando los separas, encuentras aromas a mantequilla, a caramelo, a cerilla, ¡incluso a Martini de piña...!». Su siguiente obsesión fue cómo reconstruir ese puzle cambiando las piezas de origen animal por otras de procedencia vegetal pero capaces de recrear la experiencia sensorial de la carne.

Su trabajo vio la luz en 2016, cuando nació la *Impossible Burger* para marcar un hito de la innovación en la alimentación. En 2019 su versión mejorada, la *Impossible 2.0,* se convirtió en la protagonista de la mayor feria de tecnología del mundo, el CES, celebrada en Las Vegas. La «hamburguesa vegetal sangrante»[1] lograba batir los últimos modelos de móviles, las pantallas de televisión curvas y las neveras parlanchinas. Apenas unos meses después, su gran competidora, Beyond Meat, lograba la mejor salida a bolsa desde los tiempos de Yahoo! La comida disputa los terrenos sagrados de las grandes tecnológicas, el CES y el Nasdaq, y les habla de tú a tú.

Aunque los sustitutos de los productos de origen animal no son nuevos (el tofu, el seitán o las hamburguesas de lentejas han poblado los lineales de los herbolarios durante años), ha sido en la última década cuando realmente el concepto ha explotado logrando lo que hoy se entiende en la industria como *plant-based,* es decir, una nueva generación de análogos de carne (y de otros productos de origen animal) que han dado un salto significativo en cuanto a su capacidad de imitar de forma muy realista el sabor, la textura y la apariencia de los originales gracias a nuevas técnicas de producción, formulación e incorporación de ingredientes. Los formatos más populares son hamburguesas, leches y quesos y huevos, aunque esta nueva generación de alimentos de base vegetal incluye también alternativas al pescado, sobre todo atún y salmón.

Se trata de un tipo de productos impulsados, no tanto por esa industria vegana tradicional, sino por *startups* de nuevo cuño, ajenas a la industria alimentaria y movidas por un deseo de abordar retos globales relacionados con la salud de las personas, la seguridad alimentaria, la influencia de la ganadería intensiva en el medioambiente y el bienestar animal. También es un concepto de producto dirigido, no al nicho creciente pero limitado de los veganos y vegetarianos, sino al más amplio y de más rápido crecimiento: el de los flexitarianos.

2. Tipos de productos *plant-based* que se pueden encontrar en el mercado

Entre los alimentos de base vegetal podemos encontrar diversas categorías:

- **Análogos cárnicos.** Son generalmente picados, tipo hamburguesas, salchichas y albóndigas, aunque diversas *startups* están trabajando en formatos de piezas o cortes completos, como NovaMeat, Cocuus, Aleph Farms o Redefine Meat. En España destacan Heüra como punta de lanza de la categoría, Hello Pant Foods, Green & Great o Zyrcular Foods (de la que hablaremos con detalle más adelante), a las que han terminado por sumarse también las grandes del sector, como Unilever o Campofrío.
- **Análogos de pollo.** Los más populares son los bocados o tiras de pollo, pequeños pedazos que semejan cortes de pechuga de ave.
- **Análogos de pescado.** Han entrado en la carrera *plant-based* algo más tarde pero con fuerza. Encontramos como precursoras en este campo a Ocean Hugger Foods, con sus fotogénicas alternativas al atún y a la anguila tipo sushi, a Wildtype, a Hooked con su salmón o a New Wave Foods y sus gambas vegetales. En España Mimic Seafood ha creado Tunato a partir de tomates.
- **Huevos.** Se trata de una gran categoría en sí misma, ya que se busca no solo sustituir este alimento para consumirlo tal cual, sino también incorporarlo como ingrediente en diversas preparaciones. El gran reto es reproducir no solamente el sabor y el aspecto, sino el comportamiento y las propiedades del huevo, como su capacidad de ligar, esponjar o cuajar. La referencia en este campo ha sido Eat Just. En la visita a su centro de investigación en San Francisco pude comprobar que su alternativa a los huevos (inicialmente en líquido para cocinar como revuelto) estaba realmente lograda por textura, por sabor y por cómo se comportaba en la sartén. Luego ha incorporado formatos innovadores listos para comer, como bocados al vacío *(sous-vide)* o un

formato de tortilla que se prepara como una tostada y que se ha convertido en uno de los productos de desayuno más populares del supermercado. Junto con sus mayonesas y masa de galletas, ha conseguido vender el equivalente a 100 millones de huevos[2]. Le siguen la pista *startups* como la canadiense Nabati Foods. Pero, puestos a lograr ese mimetismo completo, la *startup* de Singapur Float Foods ha creado OnlyEg, un huevo vegano con su clara y su yema simulando un huevo frito; lo denominan *Sunny side up egg,* y es una propuesta similar a la israelí Yo!

- **Lácteos.** Comprende la categoría de las alternativas vegetales a la leche (ya muy desarrolladas) y a los yogures y quesos. Esta última es la que está dando mayores alegrías, con formulaciones cada vez más conseguidas en cuanto a sabor, incluso de variedades tipo camembert o azules, y en su comportamiento (elasticidad, capacidad fundente, etc.). Poco a poco se van alejando del concepto de quesos veganos que teníamos hasta la fecha. Un ejemplo muy prometedor que he podido probar es el de la barcelonesa Väcka.

También encontramos compañías como Pink Albatross que proporcionan alternativas *plant-based* de sabor y textura atractivos para que las personas quieran incluirlas en su dieta y facilitar la nutrición (y la vida) a quienes sufren alergias alimentarias. Pink Albatross nació en 2018 de la mano de Luke Saldanha y Pepe Biaggio para hacer realidad ese propósito.

La compañía elabora helados 100 % vegetales para que cualquier persona, sean cuales sean sus gustos y necesidades nutricionales, pueda consumirlos. Con ingredientes *plant-based* y *clean label,* sus responsables afirman que generan un 50 % menos de emisiones que el helado lácteo tradicional, consumen un 60 % menos de agua en su fabricación y requieren un 60% menos de suelo cultivable.

3. Técnicas y tecnologías para crear análogos de carne

Al recrear análogos de carne, pollo o pescado a partir de proteínas vegetales se buscan características del comportamiento en boca del producto, como la estructura, la textura, la mordida y la jugosidad. Para lograr ese mimetismo total, la industria *plant-based* utiliza diversas tecnologías, algunas ya conocidas, como el texturizado o la extrusión en seco o en alta humedad, que son la base de la mayoría de los productos de base vegetal que hoy vemos en el mercado. Cada empresa trabaja en una formulación en la que intervienen factores como la proteína principal o base, que puede ser un texturizado de soja o un aislado[3] de esta leguminosa o de otras variedades, como el guisante, la faba o la algarroba, tan mediterránea.

Sobre esta base cada compañía define una formulación dependiendo del producto final que desee obtener. Puede incorporar más vegetales o incluso cereales que complementen el perfil nutricional, aromas y sabores y grasas vegetales que aporten jugosidad, sabor y cualidades funcionales, como el aceite de oliva, el de girasol, el de coco, el rico en omega-3, etc.

En los últimos años se han ido introduciendo tecnologías más innovadoras que están abriendo nuevas posibilidades, algunas con potencial para revolucionar la forma de producir alimentos *plant-based,* aunque todavía se encuentran en fases experimentales o de piloto y necesitarán algún tiempo para alcanzar una escala industrial, unos costes y un modelo de negocio con viabilidad suficiente. Entre estas tecnologías se encuentran:

- **Impresión 3D.** Es la que tecnología que emplean empresas como la española NovaMeat o la israelí Redefine Meat. Esta última trabaja con la compañía de ingredientes Givaudan para definir setenta parámetros sensoriales propios de la carne que se puedan replicar a partir de ingredientes vegetales para introducirse en sus sistemas de impresión.
- **Mimethica.** Bajo el lema *«Food to data, data to food»* («De los alimentos a los datos, de los datos a los alimentos»), la navarra Cocuus ha desarrollado una técnica 3D algo diferente que denomina Mimethica y que combina técnicas de digitalización (TAC), robótica y biotintas para reconstruir un alimento mediante métodos de bioimpresión. Fundada en 2017 por Daniel Rico y Patxi Larumbe, la *startup* ha llamado la atención con sus espectaculares chuletones *plant-based* y con réplicas de otros productos, como *bacon,* salmón e incluso ostras. De momento los productos desarrollados por Cocuus son de base vegetal. En el futuro estas mismas técnicas podrán usar como ingrediente proteínas animales procedentes de cultivo celular.

- **Técnica Veggian.** La ha desarrollado el Centro Tecnológico Agroalimentario Ctic-Cita. Utiliza como ingrediente principal vegetales descartados para la comercialización.
- **Plataformas de IA.** Optimizan el análisis del mundo vegetal, la identificación de componentes moleculares y la propuesta de formulaciones basadas en esta información que permitan anticipar resultados antes de entrar en el laboratorio. Este camino lo han abierto las chilenas NotCo, con su algoritmo Giuseppe, o Protera, como ya comentamos en el capítulo 1. En el ámbito mundial se están desarrollando herramientas de formulación *in silico,* que permiten, a partir de gran cantidad de datos sobre los ingredientes y sus diferentes características, hacer formulaciones virtuales o digitales y ayudar a predecir cuál sería el resultado final. Esta técnica permite agilizar la calidad y el tiempo de desarrollo de nuevos productos.
- **Hibridación.** Se trata de una técnica que se presume como la transición entre el mundo *plant-based,* el *cell-based* y la fermentación y que supone el desarrollo de productos que unen lo mejor de cada uno. Por ejemplo, la capacidad de crear estructuras o matrices mediante algunas de las técnicas de impresión 3D sobre las que aniden proteínas desarrolladas mediante cultivo celular o fermentación o grasas que aporten sabores y jugosidad más propios de los alimentos de origen animal (los primeros *nuggets* de carne cultivada comercializados en Singapur por la empresa Eat Just siguen este tipo de formulación).

NOVAMEAT
El bistec impreso en 3D: el «Santo Grial» de la carne alternativa

La *startup* NovaMeat es un claro ejemplo de la innovación tecnológica para la producción de alimentos. Esta empresa con sede en Barcelona y fundada por el ingeniero de tejidos Giuseppe Scionti inició su camino en el mundo del *plant-based* y la impresión 3D con una técnica de microextrusión patentada y ha evolucionado hacia el mundo *cell-based* precisamente investigando cómo sus procedimientos pueden ser la matriz perfecta para productos híbridos. Además del primer filete de carne *plant-based* impreso en 3D o de piezas de falso cerdo, la compañía biotecnológica ha presentado la primera alternativa cárnica del mundo que encapsula las cinco clasificaciones del reino (células animales, derivados vegetales, hongos y algas), de momento solo como un ejercicio para demostrar las posibilidades de esta técnica. En 2022 ha cerrado una ronda de 6 millones de dólares.

———

4. Mercado *plant-based*

En 2020 se consumieron en el mundo 13 millones de toneladas de proteínas alternativas, lo que supone un 2 % de todo el mercado de proteína animal[4]. ¿Cuánto representa esto en términos económicos? La compañía estadounidense de análisis financieros Bloomberg lo ha cuantificado en 29 000 millones de dólares. Es difícil estimar cuál es su potencial a medio y a largo plazo y nos encontramos con proyecciones de todo tipo. La propia Bloomberg apunta hacia los 162 000 millones de dólares en 2030[5].

Intentar hacer previsiones en un contexto de ultraaceleración de la innovación como el actual es terreno más que movedizo. Sin embargo, lo que sí podemos comprobar es su comportamiento, al menos en los últimos tres años, que es cuando se ha producido su despegue, donde observamos en el siguiente gráfico crecimientos hasta del 48 %.

Gráficos 5.1 y 5.2. Industria *plant-based* en Europa y en España

El sector *plant-based* en Europa

Valor de las ventas de alimentos *plant-based* en Europa en €

🛒 El valor de las ventas aumentó un 49 % en los dos últimos periodos

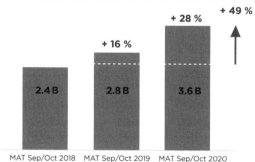

MAT Sep/Oct 2018   MAT Sep/Oct 2019   MAT Sep/Oct 2020

Fuente: Nielsen MarketTrack.

El sector *plant-based* España
Valor total de las ventas y volumen de ventas.

🛒 El valor de las ventas aumentó un 48 % en los dos últimos periodos, mientras que el volumen de ventas creció un 20 %

Valor de las ventas de alimentos *plant-based* en España (hipermercados, · supermercados e independientes), en euros.

Volumen de las ventas de alimentos *plant-based* en España (hipermercados, supermercados e independientes), en Kg/litros.

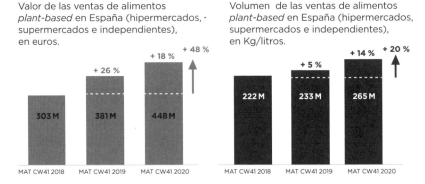

Fuente: Nielsen MarketTrack.

Probablemente estamos viendo apenas la punta del iceberg de un nuevo paradigma en la forma de producir alimentos en la que esta será solo una de las aproximaciones posibles. Pero nada nos dice que en los próximos años otras técnicas o fórmulas no vengan a compartir o a competir por el mismo mercado.

5. Inversión *plant-based*

La inversión en la industria de carne, huevos y lácteos de base vegetal se ha disparado en los últimos años, como podemos ver en el siguiente gráfico. Uno de los grandes hitos de inversión se produjo en 2020 con el estreno de Beyond Meat en el Nasdaq, un auténtico bombazo, con una revalorización del 163 % en una sola jornada.

Este apetito inversor ha cautivado también a grandes empresarios de otros sectores, como Bill Gates (Impossible Foods y Beyond Meat), Serguéi Brin (Mosa Meat), Richard Branson, Kimbal Musk, Jeff Bezos, el exvicepresidente Al Gore o estrellas de la música, el celuloide o los deportes como Leonardo DiCaprio (Aleph Farms y Mosa Meat), Woody Harrelson, Paris Hilton (ambos en Good Catch) y el futbolista del Manchester United Christopher Lloyd Smalling (This).

6. Retos y oportunidades en la cadena de valor

Los niveles de crecimiento registrados y previstos ejercen presión sobre las infraestructuras de producción y cabe preguntarse hasta qué punto la capacidad disponible en Europa en este momento para crear esos extrusionados o los aislados de proteínas es suficiente para satisfacer esta demanda; de hecho, ya se están produciendo algunos cuellos de botella. Para resolver esta situación se necesitarán nuevas infraestructuras de procesado a escala y, por tanto, inversión para ponerlas en marcha. Gran parte de la capacidad de producción está concentrada en países como Holanda y Dinamarca, que se han convertido en auténticos *hubs* de *plant-based*. En España contamos con infraestructuras de Zyrcular Foods, NeWind Foods o Dacsa o con la primera planta de extracción de proteína vegetal para uso humano de la península (Grupo AN-Sanygran).

Otros retos pendientes de resolver para crear una industria en el ámbito europeo capaz de absorber toda esta demanda pasan por incrementar el suministro de materias primas adecuadas para la industria *plant-based,* como la soja, o quizás legumbres y granos más cercanos a la cultura mediterránea (guisantes, garbanzos, alubias, algarroba, etc.).

La UE calcula que la superficie dedicada a estos cultivos altos en proteínas crecerá de aquí a 2030 un 37 % por el tirón del *plant-based,* que incrementará un 30 % el consumo de estos ingredientes[6]. Esto pone el foco en el sector primario, que tiene la gran oportunidad de subirse a esta ola con la incorporación de nuevos cultivos o con la recuperación y revitalización de algunos que languidecían. ¿Qué condiciones e incentivos se requerirán para lograrlo? ¿Qué regiones, países o profesionales pueden beneficiarse más de esta oportunidad? ¿Cómo podremos garantizar el suministro de materia prima para una industria en crecimiento? ¿Cómo asegurar la soberanía alimentaria y evitar la dependencia de mercados exteriores?

«La UE calcula que la superficie dedicada a los cultivos de materias primas altas en proteínas crecerá de aquí a 2030 un 37 % por el tirón del *plant-based*, que incrementará un 30 % el consumo de estos ingredientes».

El alimentario es el sector de producción más importante en Europa. Incluso con las previsiones más contenidas, la industria *plant-based* tiene el potencial de hacerse un hueco importante en esta industria y contribuir a la generación de importantes bolsas de empleo. ¿Estamos preparados para satisfacer esta demanda de profesionales especializados? ¿Qué planes sería necesario poner en marcha para formar a jóvenes o fomentar el *reskilling* de profesionales hacia estos nichos de oportunidad?

ZYRCULAR FOODS
Innovar en el perímetro: nuevo producto, nuevo modelo de negocio

Zyrcular Foods nació en el seno de una de las mayores empresas del sector cárnico español, Vall Companys, a partir de una reflexión estratégica: ¿hacia dónde va la proteína en el mundo? Era un momento clave, en torno a 2018, en el que los responsables de la compañía observaban diferentes señales: las tendencias de consumo; el runrún sobre la influencia del consumo de carne tanto en la salud como en el medioambiente (que se extiende desde organizaciones internacionales como el Foro Económico Mundial[7] o referencias en investigación como las de Oxford[8] o *Journal of Science*[9] hasta los propios consumidores), y los movimientos de empresas cárnicas de referencia internacional (como Smithfield, Cargill, JBS o Tyson Foods, que pasaba a denominarse *proveedora de proteínas)*.

Disrupción frente a oportunidad

En una compañía cuya cadena de valor está fundamentada en la proteína cárnica, este escenario presenta la doble cara de la disrupción y la oportunidad y dos preguntas clave: qué capacidades actuales puede aprovechar en este nuevo escenario y cuáles debe adquirir para sacar partido a la oportunidad y, de paso, reforzar su resiliencia ante la amenaza de la disrupción.

Aunque muchas compañías están entrando en el mundo *plant-based* con modelos que delegan la producción en terceros (maquiladores), el ADN de Vall es la producción. Pero hay que adoptar tecnologías, procesos y maquinaria diferentes a aquellos a los que una empresa cárnica está acostumbrada. Tras una inmersión sobre texturizados, extrusiones secas y húmedas, fabricantes de ingredientes, proveedores de maquinaria, etc., nació Zyrcular Plant, que en febrero de 2021 culminó con la puesta en marcha en Seva de la primera fábrica dedicada 100 % a la producción de proteína vegetal de España, con capacidad para producir hasta un millón de kilos.

Colaborar para crear y llegar más lejos más rápido

Para completar su visión, es clave contar con lo que consideran el auténtico cerebro y motor de un proyecto *plant-based:* el diseño de producto, la formulación. Pero es una de las áreas en las que una compañía cárnica como Vall no tiene experiencia. Por ello decidió aliarse con Activa Food Tech, quien aportó conocimiento en formulación, una planta piloto para el desarrollo de los primeros productos y el talento y la experiencia para arrancar la actividad de forma inmediata. Gracias a este modelo de innovación colaborativa logró acelerar la curva de aprendizaje para entrar en una nueva industria que vive un momento explosivo y en la que el plazo de lanzamiento al mercado *(time to market)* es clave.

Modelo de negocio de Zyrcular Foods

Pero tan importante como el plazo de lanzamiento al mercado o la identificación de los verticales donde iniciar la actividad es definir la estructura y el modelo de negocio. En este caso se optó por crear una compañía fuera del grupo y darle independencia para operar de forma autónoma pero con la cercanía que procuran el uso de activos, apoyo logístico o conocimiento.

Y definió un modelo mixto que combina la creación y producción de productos propios con la oferta de esta capacidad de formulación, productiva y de comercialización, para que terceros puedan poner sus productos en el mercado, sean *startups* y empresas *foodtech* locales o grandes marcas internacionales que buscan capacidad productiva en Europa.

Modelo de negocio
de Zyrcular Foods.

———

CLAVES DE *PLANT-BASED*

- Los productos *plant-based* son una nueva generación de alternativas a la carne, el pescado, los huevos o los lácteos que buscan el máximo mimetismo con sus originales en sabor y textura y se encuentran orientados a consumidores flexitarianos que desean una experiencia gastronómica equivalente.
- La fuerte inversión es un catalizador, junto con tendencias como la de un consumidor consciente y preocupado por su salud, la sostenibilidad y el bienestar animal.
- La industria *plant-based* es una oportunidad económica y de generación de empleo en el sector primario, en el ámbito de la formulación y los ingredientes o en los sistemas de producción, pero requiere nuevos conocimientos y habilidades.

6

CARNE CULTIVADA, DE LABORATORIO O DE ORIGEN CELULAR

«Las tecnologías *[cell-based]* se pueden desarrollar en España, que tiene un ecosistema muy rico y un talento en biología y biotecnología de altísimo nivel».

Íñigo Charola,
cofundador y CEO de BioTech Foods

1. En qué consiste la carne cultivada

Londres, 5 de agosto de 2013. Mientras las nubes terminan de decidir si esa mañana dejarán ver el sol, el profesor Mark Post y su equipo de la Universidad de Maastricht se preparan para protagonizar lo que será sin duda la noticia del día y, a la postre, uno de los hitos de la década. En apenas unas horas van a presentar la primera hamburguesa desarrollada mediante cultivo celular, es decir, carne cultivada en el laboratorio a partir de células extraídas de un animal. Pero no solo la van a mostrar, sino que van a ponerla a prueba con tres personas de referencia en el mundo gastronómico: el chef Richard McGeown[1] y los críticos Hanni Rützler[2] y Josh Schonwald[3]. Será probablemente la crítica gastronómica más delicada de la historia, ya que van a juzgar un producto que ha costado desarrollar 250 000 euros. No es de extrañar, por tanto, que sea retransmitido por Internet a una audiencia global.

Singapur, 20 de diciembre de 2020. El restaurante 1880 sirve por primera vez en el mundo un plato a base de carne de pollo cultivada en un biorreactor por la *startup* californiana Eat Just. Precio: 23 dólares.

¿Qué ha pasado en estos apenas siete años para que una propuesta que parecía de ciencia ficción haya tomado cuerpo real (y comercial) y haya engendrado a cerca de un centenar de compañías que han recaudado centenares de millones de dólares de inversores ansiosos por hacerse un hueco en un mercado cuyo tamaño se estima que podría alcanzar los 3000 millones de dólares[4]? ¿Y qué ha ocurrido para que Singapur se haya convertido en el primer país del mundo cuya regulación avala la comercialización de carne cultivada para consumo humano?

Quizás la primera respuesta la dieron los críticos gastronómicos en esa jornada veraniega de Londres: «Tiene un sabor bastante intenso: está cercana a la carne, aunque no tan jugosa. La consistencia es perfecta, aunque echo en falta algo de sal y pimienta. Esto para mí es carne. No se deshace», afirmó la austríaca Rützler. «La sensación en boca es como la carne. Echo en falta la grasa, pero el bocado se siente como una hamburguesa», fue el veredicto de Schonwald. Entre la audiencia satisfecha por este aprobado con nota se encontraba el cofundador de Google, Serguéi Brin, quien, apasionado por el proyecto, había puesto en manos de Post los 250 000 dólares que necesitó para cultivar las veinte mil fibras musculares de la hamburguesa más cara de la historia.

El término *carne cultivada* lo popularizó el experto en seguridad nacional estadounidense Jason G. Matheny a principios de la década de 2000 en un artículo científico sobre las posibilidades que ofrecían las técnicas de ingeniería de tejidos y medicina regenerativa para crear carne *in vitro*. Matheny, posteriormente subdirector general de Tecnología y Seguridad Nacional de la administración Biden, se había obsesionado con buscar una alternativa a la forma de producir carne tras sus vivencias en una granja de pollos en la India durante su máster en salud pública.

Actualmente entendemos por *carne cultivada* la desarrollada a partir de células extraídas de animales que se multiplican en un medio de cultivo dentro de un biorreactor. No hay unanimidad en la nomenclatura para designar este producto al que se denomina también *carne de base celular (cell-based), carne de laboratorio, carne sin sacrificio, carne sintética, carne in vitro* o *carne limpia (clean meat)*. Según algunos estudios, el término *carne cultivada* es el que resultaría más comprensible y generaría menos rechazo al futuro consumidor.

El concepto es teóricamente sencillo: se trata de recrear la carne utilizando solo sus componentes básicos, las células, y no el animal completo.

Para el desarrollo de la agricultura celular se precisan cuatro elementos clave:

• **Líneas celulares.** De ellas partirán el resto.
• **Medio de cultivo.** Incluye el suero de cultivo, rico en nutrientes para que las células crezcan, se multipliquen y se diferencien.
• **Andamiaje *(scaffold)*, soporte o matriz extracelular.** En él se siembran las células. Aporta estructura y forma a la carne cultivada.
• **Biorreactores.** Son grandes cámaras (recuerdan a una bodega o a una factoría de cerveza) donde se unen las células y sus matrices para proliferar y formar el producto final.

De momento cada tipo de célula (músculo, tejido conectivo o grasa) se cultiva en biorreactores independientes, ya que el cocultivo hoy resulta todavía complejo; de hecho, son pocas las compañías que han podido mostrar piezas en las que los tejidos se han cultivado conjuntamente y que logren ese santo grial de la carne cultivada: el filete. Por ello la mayoría de las empresas se están centrando en el músculo y en la grasa para crear sus primeros productos. De momento las investigaciones se basan en carnes de vaca, cerdo (Aleph Farms, NovaMeat, BioTech Foods, etc.), aves (Eat Just y Super-Meat) y pescado/marisco (Shiok Meats, Wyld Type, Avant Meats, Fish Maw y Blue Nallow).

2. ¿Tiene futuro la carne cultivada?

En el análisis de inversión para las proteínas alternativas desarrollado por AgFunder[5] en 2019, su fundador, Rob Leclerc, se mostró convencido del potencial de estas técnicas para sustituir a los animales en la producción de carne: «Durante miles de años los animales se han empleado como tecnología para proporcionar productos y servicios valiosos como el transporte, las comunicaciones, la energía, el trabajo, el vestido, la medicina y, por supuesto, el alimento. Pero la historia ha demostrado que los animales no son necesariamente el mejor medio para estos productos y servicios finales. Cuando nuevas tecnologías se presentan y son mejores y más baratas, el mercado tiende a cambiar. La historia de la tecnología nos dice que es difícil escapar de este cambio».

Estos son algunos de los factores que fomentan el optimismo de Leclerc y de otros inversores en proteínas alternativas:

- El potencial teórico de eficiencia, como apuntaba el propio Leclerc y describe muy gráficamente Jorge Jordana: «Cuando esta técnica madure, será más eficiente que la tradicional. Si quiero la carne, ¿por qué despilfarrar energía y recursos en producir piel, cuernos, osamenta, pezuñas, pelo, vísceras...?"
- No son técnicas completamente nuevas, sino que se apoyan en conocimientos de la biología celular y la fabricación biológica obtenidos de industrias mucho más maduras, como la biofarma y la biotecnología industrial. El proceso para generar la caseína, por ejemplo, procede del que se utiliza para producir insulina para las personas diabéticas desde 1978. De ellas pueden aprender también los procesos y sistemas de escalado industrial.
- Se encuentran en fases iniciales y tienen todavía por delante un no desdeñable esfuerzo de optimización, especialmente en lo que se refiere al medio de cultivo y a los sistemas para escalado industrial. Sin embargo, ninguna de estas optimizaciones depende de una tecnología o de un avance todavía inexistente (un *moonshoot,* como se suelen denominar los proyectos basados en tecnologías futuristas), sino de la evolución de técnicas que ya están desarrolladas.
- El tamaño del mercado que pretenden disrumpir es gigantesco, en torno a 3000 billones de dólares[6]. Solo con que las alternativas

de agricultura celular lograran captar un 10 % de este mercado, la oportunidad de negocio sería más que apetitosa.

- Las administraciones en Europa y en EE. UU. han dado algunas señales, como las consultas para elegir nomenclatura o el acuerdo entre la Administración de Alimentos y Medicamentos (FDA) y el Departamento de Agricultura de EE. UU., para regular su funcionamiento (además del primer paso dado por Singapur) que parecen allanar el camino para estas propuestas, lo que supone un indicio de que su fase comercial está algo más cerca.

- Algunas de las más grandes empresas cárnicas o lácteas en el ámbito global están invirtiendo en proyectos de agricultura celular. Las estadounidenses Tyson Foods y Cargill o la brasileña JBS son buenos ejemplos de ello. En Europa el gigante de la industria avícola PHW ha hecho lo propio. En España, como hemos visto anteriormente, Pascual ha lanzado el programa de innovación abierta Innoventures, que incluye Mylkcubator, el primer programa de incubación para *startups* dedicadas a la agricultura celular en el sector lácteo. Quizás no todas están preparadas en este momento para dar ese salto, pero algunos ya se han puesto las pilas para no perder su oportunidad en este tren o al menos para vigilar desde la primera fila los avances de una industria que amenazan sus cuotas de mercado e incluso su modelo de negocio pero que también suponen una oportunidad para aumentar la paleta de ingredientes con los que innovar en productos.

- Existen medidas encaminadas a impulsar las innovaciones orientadas a reducir el cambio climático o el impacto ambiental de nuestra forma de producir y toda una nueva economía basada en ello. Encontramos ahí desde la Agenda 2030 de la UE, que incluye estrategias específicas, como «Del campo a la mesa», hasta la propuesta de una *Green Industrial Revolution* del Gobierno británico de Boris Johnson, con la que además pretende crear doscientos cincuenta mil nuevos empleos verdes *(green jobs)*. Referentes empresariales como Richard Branson, Bezos o Gates han puesto sus ojos en el cultivo celular. El fundador de Microsoft incluso ha hecho un llamamiento a los países más ricos para transicionar hacia la carne sintética[7].

3. Primeras pruebas de concepto

Cerca de un centenar de *startups* componen actualmente una industria que busca alternativas de agricultura celular para carnes, aves, pescado, marisco, leche o huevo. Algunas están enfocadas a productos muy *premium,* como el *foie,* el wagyū o la langosta, y otras especializadas en procesos o productos específicos de la cadena de valor, como el medio de cultivo, las estructuras o matrices o los biorreactores. Se trata de lo que en la industria suelen llamar *los picos y las palas* en referencia a las herramientas usadas durante la fiebre del oro, cuyos comerciantes resultaron los más seguros beneficiarios de ese *boom* explorador.

Tras la presentación pionera del Dr. Post en 2013, en los dos últimos años hemos sido testigos de varios hitos que hacen pensar que la disponibilidad de alternativas a la carne y a otros productos de origen animal a partir de la agricultura celular está cada vez más cerca. Ya he mencionado los *nuggets* de pollo servidos en el restaurante 1880 de Singapur por 23 dólares, pero esta no ha sido la única demostración. De forma restringida o en modo piloto, hemos visto, por ejemplo, el primer restaurante en cuya trastienda, en lugar de fogones y neveras, se alberga una instalación de cultivo de células (The Chicken, creado por SuperMeat a modo de cocina de pruebas). HigherSteaks también se lanzó a mostrar y probar públicamente su *bacon* cultivado, y hasta el primer ministro de Israel, Benjamin Netanyahu, tuvo la oportunidad de catar el filete cultivado de Aleph Farms. En Hong Kong un renombrado chef cocinó y sirvió el filete de lenguado de Avant Meats. Otras pruebas tuvieron como protagonistas el salmón para sushi (Wildtype) y la primera langosta cultivada (Shiok Meats). Tras ellos, una veintena de nuevas empresas se han lanzado a la aventura de la carne cultivada y otras cuarenta compañías de otros sectores adyacentes (como 3M o Thermo Fisher Scientific) han anunciado públicamente líneas de negocio en este ámbito. También se han producido interesantes asociaciones, como la de Diverse Farm, nacida en Japón de una *joint venture* entre un restaurante y un instituto de medicina regenerativa.

La mayor parte de los proyectos se encuentran en la denominada *fase de escalado piloto,* en la que los pioneros de la carne cultivada ya han superado satisfactoriamente las pruebas de concepto en un laboratorio y empiezan a estar en condiciones de producir una primera ola de productos de forma mínimamente escalable. Ahora bien, estas producciones serán limitadas, de apenas unos cientos de toneladas. Aún será necesario entender y afinar los procesos antes de abordar la escala definitivamente industrial para producir millones de toneladas. Y para llegar a esa potencial cuota de mercado del 10 % se requerirían al menos cuatro mil factorías de carne cultivada trabajando a toda máquina[8].

4. Aceptación del consumidor

Son varios los estudios que analizan la potencial aceptación del consumidor de este tipo de productos, aunque todavía no resultan consistentes. Los resultados dependen mucho de la forma del propio estudio, la nomenclatura utilizada, la información previa, etc. El porcentaje de personas dispuestas a probar o a incorporar en su dieta productos *cell-based* oscila entre el 19 y el 50 % (47 % en España)[9].

Se estima que en estas primeras fases de producción el coste de la carne cultivada estará en torno a los 6.43 dólares/kg, lo que situaría el precio final para el consumidor por encima de los equivalentes cárnicos. Sin embargo, al igual que ha ocurrido con las hamburguesas *plant-based,* no sería necesario esperar a lograr la paridad total para que empiecen a aceptarse en el mercado incluso con un precio *premium,* por ejemplo, en torno a los 20 dólares/kg[10].

Esta aceptación aumenta notablemente en productos cuya forma de producción genera controversia e incluso rechazo. Es el caso del *foie,* uno de los alimentos *premium* con peor fama debido a que su producción generalmente conlleva la alimentación forzosa del ave, sea pato, oca o ganso; de hecho, algunos países o regiones lo han prohibido, como Nueva York, Finlandia, República Checa, Polonia, Turquía o Reino Unido. En Francia, la cuna de esta *delicatesen,* el 75 % de los consumidores declaran sentirse incómodos con la forma en la que se produce y estarían dispuestos a probar una alternativa.

«El *foie* es una industria de 2000 millones de dólares en plena crisis existencial». Así la describe Nicolas Morin-Forest, cofundador junto con el biólogo molecular Victor Sayous y el biólogo especializado en células madre Antoine Davydoff, de Gourmey, la primera *startup* francesa que trabaja en el desarrollo de *foie* cultivado con técnicas de agricultura celular. En su caso parten de células madre extraídas del huevo de pato. A través de una alimentación específica, se impulsa el crecimiento de un determinado tipo de células, encargadas de replicar el hígado del animal, que se alimentan con nutrientes obtenidos de avena, maíz o hierba, que reproducen el efecto de la alimentación forzada del animal pero sin sufrimiento.

Gourmey prevé comenzar su comercialización inicialmente fuera de Francia, en los mercados en los que la legislación lo permita y en los que este producto es muy codiciado, como Asia y Oriente Medio. Al tratarse de un producto con textura mantecosa, no estructurada, su proceso de producción resulta menos complejo que aquellos que buscan reproducir una pieza o un corte de carne específico. Su carácter *premium* y la controversia de su forma de producción original son otras razones por las que el *foie* probablemente es uno de los productos de carne cultivada con más probabilidades de encajar en el mercado.

Otros países también se han atrevido con productos *gourmet* muy representativos de su cultura gastronómica. Científicos de la Universidad de Osaka, Japón, han desarrollado el primer filete de carne de wagyū producido con técnicas de bioimpresión. La pieza reproduce de forma muy fidedigna la característica infiltración grasa de aspecto marmolado de esta codiciada y cara carne que los japoneses denominan *sashi*. La americana Wildtype ya cultiva en su planta piloto células de pescado para lograr un producto equiparable al *shushi*. ¿Osará alguna empresa española intentar cultivar nuestra joya nacional, el jamón ibérico? ¿Cómo sería recibida esta iniciativa, cómo una innovación pionera o como una aberración que atenta contra un emblema patrio y pone en riesgo toda una industria?

5. La inversión en carne cultivada se multiplica y la industria se diversifica

Desde esos 250 000 euros de la primera hamburguesa cultivada hasta nuestros días, esta industria incipiente ha captado cientos de millones de dólares, especialmente en los dos últimos años. Entre esas inversiones, el gigante brasileño de la carne JBS ha inyectado 36 millones de euros en la *startup* donostiarra BioTech Foods.

Entretanto, emerge un auténtico ecosistema que se segmenta y especializa. Mientras algunas empresas quieren cubrir toda la cadena de valor *(full stack)*, otras optan por la especialización en alguno de los segmentos: líneas celulares, medio de cultivo, matrices o los procesos de cultivo y escalado industrial. Más de cuarenta compañías del campo de las ciencias de la vida han anunciado líneas de trabajo con las que pueden apoyar a las *startups* en alguno de estos segmentos. Su experiencia y dominio de los procesos industriales puede ser clave para llevar a buen término proyectos impulsados por empresas emergentes completamente profanas en estas materias.

6. ¿Qué desafíos afronta la carne cultivada?

Aunque la carne cultivada se presenta como una fórmula disruptiva con muchas ventajas, como un teórico menor impacto ambiental, mejor perfil nutricional, ausencia de medicamentos como antibióticos o evitar el sacrificio y la cría intensiva de animales, no son pocos los retos que debe afrontar todavía:

- **Coste.** Es el primero de los grandes retos de la carne cultivada, pues es tan alto que de momento impide que el producto final tenga un precio equiparable al del que desea reemplazar (la denominada *paridad*). El principal responsable es el medio de cultivo celular, especialmente si se busca una producción completamente libre de animales[11]. Se estima que los factores de crecimiento suponen el 95 % del coste de los medios de cultivo, aunque también hay que disminuir el coste de los procesos operativos, así como la inversión para la creación de las factorías de cultivo (unos 450 millones de dólares). En cualquier caso, es probable que la carne cultivada pueda lograr la paridad de precio cuando alcance la producción industrial a escala[12].
- **Bioseguridad.** Para garantizar la seguridad de los productos desarrollados con esta técnica será necesario implantar medidas de bioseguridad propias de la industria farmacéutica, con las que la industria alimentaria no está familiarizada y que probablemente tengan su impacto en los costes.

- **Producción a escala y procesos industriales.** Es otro factor que influye en el coste, pero sobre todo en la capacidad de producción. Se refiere a los equipamientos, principalmente los biorreactores, y los procesos. En ambos casos pueden inspirarse no solo en la industria biofarma, sino también en el propio sector alimentario para lograr las optimizaciones necesarias.

- **Nomenclatura y regulación.** La EFSA es la entidad de la UE encargada de aprobar nuevos alimentos *(novel foods)*. Mientras, en EE. UU. se ha llegado a un acuerdo para que el Departamento de Estado de Agricultura (USDA) y la FDA regulen conjuntamente estos productos repartiéndose la vigilancia sobre diferentes segmentos de su cadena o proceso de producción: el USDA supervisa la producción y las instalaciones y la FDA se encarga de garantizar la seguridad alimentaria. Pero más allá de la seguridad de la carne cultivada como alimento, los legisladores tienen la tarea de crear un marco regulatorio, una terminología y un etiquetado que garanticen la transparencia. Los productores, por su parte, pugnan por que este marco cree un terreno de juego equilibrado que fomente la confianza del consumidor y no dificulte sus oportunidades.

- **Geopolítica, seguridad alimentaria y equidad.** La lógica dice que las fábricas de carne cultivada se ubicarán inicialmente en regiones con mayor consumo de carne o en las que están siendo pioneras en el impulso de esta tecnología, como Singapur o Qatar, precisamente dos países que importan la mayor parte de los alimentos que consumen. También es previsible que exista una competencia para liderar esta carrera, principalmente entre EE. UU. y China, con la participación de Europa y Oriente Medio.

- **Otros interrogantes.** ¿Qué mapa de acceso a esta fuente de nutrición dibujan estas previsiones? ¿En qué medida resolverá o agrandará la brecha entre las regiones? ¿Cuándo podremos ver que estos avances empiezan a resolver los retos de hambre, malnutrición e impacto climático que hemos descrito antes? ¿Cómo podremos apoyarnos en estos avances para garantizar la soberanía alimentaria de las regiones?

7. *Startups* de carne cultivada: de los pioneros a los alumnos aventajados

Las alternativas a la carne de ternera o de pollo lideraron las primeras iniciativas de cultivo celular. La búsqueda de sustitutivos de especies específicas de pescados y marisco se ha sumado en los últimos años a esta carrera:

- **Mosa Meat.** Fue la empresa pionera. La fundó Post en 2013. Tras esa primera inversión de Brin y su exitosa presentación, la compañía ha continuado su trayectoria. Tras varias rondas de financiación millonarias, ha logrado dos hitos importantes: la eliminación del suero bovino fetal (SBF) de su medio de cultivo y su reducción de precio 88 veces desde 2019. En paralelo, la compañía con sede en Maastricht trabaja con las entidades regulatorias europeas para demostrar la seguridad de sus productos y, en última instancia, recibir el reconocimiento como nuevo alimento[13] para sus hamburguesas cultivadas.
- **Memphis Meat.** Fundada en 2015 por un cardiólogo y un biólogo celular, esta *startup* californiana utiliza células myosatelitales para producir *nuggets* de pollo y albóndigas de ternera y de pato. Entre sus inversores figuran personalidades como Gates o Branson y grandes empresas cárnicas, como Cargill y Tyson Foods.
- **Aleph Farms.** Esta *startup* israelí ha focalizado sus esfuerzos en crear el primer filete cultivado. Para ello utiliza una tecnología 3D propia que incluye una matriz de soporte sobre la que se cultivan células musculares, de grasa y de tejido conectivo y vascular. Según explican sus responsables, han logrado hacer crecer estos diferentes tipos de células juntas para crear una estructura compleja, uno de los grandes retos de la industria.
- **Future Meat.** También de origen israelí, esta joven compañía cultiva carne de pollo, cordero y ternera. Su tecnología basada en el cultivo de células del tejido conectivo fue capaz de atraer en diciembre de 2021 la mayor inversión única de la historia de la carne cultivada: 347 millones de dólares procedentes, entre otros, del gigante cárnico Tyson Foods, ADM Ventures y un

empresario tecnológico cuyo nombre no se ha desvelado. Estos fondos le resultarán muy útiles para levantar la que sería la primera planta de carne cultivada de escala industrial del mundo, capaz de producir cinco mil hamburguesas de carne cultivada al día y pechugas de pollo a unos 16 dólares/kg.

- **Eat Just-Good Meat.** La división dedicada a la carne cultivada de la *startup* fundada por Josh Tetrick ha sido la primera compañía del mundo en obtener el permiso para comercializar pollo cultivado en Singapur en 2020.
- **Finless Foods.** Con sede en California, está desarrollando una versión de laboratorio del atún *blue fin,* una especie altamente valorada pero en peligro de extinción que no puede criarse con acuicultura.
- **Avant Meat.** Una de las principales oportunidades de la carne cultivada es desarrollar alternativas a productos *premium,* de alto precio y con cierta dificultad para conseguirse de forma natural. Es el caso del *fish maw* (*delicatessen* oriental a partir de la vejiga natatoria de dos peces en peligro de extinción: bahaba y totoaba). Esta es precisamente la apuesta de esta *startup* con base en Hong Kong. En 2019 presentó un prototipo de este popular plato de la cocina china por el que se llegan a pagar 2000 dólares/kg.
- **BlueNalu.** Con base en San Diego, California, desarrolla carne cultivada de mahi-mahi o pargo dorado. Ha construido una planta de producción piloto para elaborar entre 100 y 250 kg de pescado a la semana.

8. El cultivo celular se abre paso en España

Nuestro país se ha subido algo más tarde al carro de la agricultura celular, pero cuenta con iniciativas punteras que ya han recibido atención de inversores internacionales:

- **BioTech Foods.** Es la primera empresa *cell-based* española. Fundada en 2017 por Mercedes Vila, doctora en Física de Materiales con amplia experiencia en nanomedicina y medicina regenerativa, e Íñigo Charola, de perfil ejecutivo, produce *ethicameat,* un tipo de carne cultivada de procedencia exclusivamente animal rica en proteínas. Actualmente se encuentra en fase de escalado de producción y pendiente de comercializar su carne cultivada en mercados cuya regulación lo vaya permitiendo. La compañía ha contado con apoyo institucional a través de fondos Horizont 2020 y del Ministerio de Ciencia. Así, se ha otorgado una subvención de 3.7 millones a la iniciativa liderada por esta *startup* vasca para desarrollar carne cultivada, grasas saludables e ingredientes funcionales. Los 36 millones de euros aportados por JBS (mayor empresa cárnica del mundo) servirán para abrir en Guipúzcoa la primera planta industrial de carne cultivada de España.

- **Cubiq Foods.** Es una *startup* con sede en Barcelona dedicada a la innovación en el componente graso de los alimentos. Su proyecto más ambicioso es el desarrollo de lípidos y proteínas mediante técnicas de cultivo celular. En su caso el punto de partida es el huevo de pato, por lo que se trata de una técnica cero invasiva para el animal. Tras extraer las líneas de células madre, se cultivan en biorreactores en torno a *micro-carriers* o matrices comestibles: por un lado, las células grasas que generan adipocitos; por otro, las células proteicas que desarrollan tejidos musculares. El objetivo es diseñar un producto a base de grasa de cultivo celular y otros elementos funcionales, como el omega-3, que pueda utilizarse como ingrediente de productos *plant-based* o cárnicos en los que se busque mejorar su perfil nutricional manteniendo o mejorando las propiedades organolépticas, como el sabor o la jugosidad, y que también tenga un buen comportamiento durante el procesado o la aplicación de calor.

Su fundador y CEO, Andrés Montefeltro, lo tiene claro: «Si queremos cambiar los hábitos alimenticios de las personas, no debemos crear productos parecidos a la carne. Tenemos que crear productos mejores en todos los sentidos, empezando por el gusto». Desde su nacimiento en 2018, Cubiq Foods ha recibido 10 millones euros de financiación.

CLAVES DE LA INDUSTRIA
DE LA CARNE CULTIVADA

- El cultivo celular se refiere a la creación de productos a partir de células animales en un medio de cultivo como alternativa a la carne, el pescado, los huevos, los lácteos o productos *premium* como *foie* o *fish maw*.
- Más de cien *startups* en el mundo trabajan en el campo de la carne cultivada, especialmente en el desarrollo de proteínas, aunque también hay expertos en generación de grasas y otras células de interés.
- El visto bueno regulatorio como «nuevo alimento» es el primero de los retos que hay que superar. Singapur es el primer país que ha permitido su comercialización.
- Otros importantes desafíos son la reducción de los costes, especialmente de los medios de cultivo, la bioseguridad, la escalabilidad y la aceptación por parte del consumidor, que mejora en las generaciones más jóvenes.
- La especialización, los modelos de negocio B2B y la hibridación con otras técnicas, como *plant-based* o fermentación, marcarán la evolución de esta disruptiva forma de producir proteínas animales.

7
FERMENTACIÓN, LA NUEVA ALQUIMIA

«La fermentación presenta una oportunidad para cambiar
fundamentalmente la forma en la que el mundo se alimenta,
para mejorar la salud humana y medioambiental y la economía».
Foro Económico Mundial.
Noviembre de 2020[1]

1. La fermentación, clave para la producción de proteínas alternativas

A mediados de 2020 se contabilizaban en el mundo al menos 44 compañías de fermentación dedicadas a la producción de proteínas alternativas para la industria alimentaria que arrastraban inversiones por valor de 587 millones de dólares, cifra que en apenas un año se triplicó hasta los 1690 millones[2].

Este *boom* de la fermentación está generando una nueva ola de componentes, como proteínas, grasas y otros ingredientes, con la promesa de que sean más sostenibles y eficientes y de que cuenten con cualidades organolépticas y funcionales de alto valor que la industria pueda incorporar a productos alternativos, como las carnes, los huevos o los lácteos, sean de base vegetal o celular.

¿Por qué se ha convertido esta técnica ancestral en uno de los tres pilares de la producción de proteínas alternativas? ¿Por qué inversores y organizaciones económicas como el Foro de Davos han puesto sus ojos en esta técnica?

Por una parte, se considera que la fermentación puede crear proteínas nutritivas de una forma hasta diez veces más eficiente y con menores coste e impacto ambiental que la ganadería actual[3] (aunque hay que confirmar que ambos extremos se cumplen en los procesos a escala industrial); por otra, algunos inversores consideran que su capacidad para producir ingredientes de valor añadido, funcionales y nutritivos con un sabor neutro —a diferencia de algunas fuentes vegetales, como la soja o el guisante— probablemente revolucione las categorías *plant-based* y *cell-based* (la disrupción de los disruptores). Finalmente, su desarrollo exponencial y la capacidad de las plataformas de fermentación de evolucionar hacia modelos *Food-as-Software* convierten la fermentación en un negocio de muy alto potencial.

Bienvenidos a un maravilloso mundo en el que entran en juego desde diminutos microorganismos reprogramados para funcionar como biofactorías hasta las técnicas más avanzadas de bioinformática, IA, ingeniería genética o gemelos digitales.

2. Qué es la fermentación

Se trata de una técnica milenaria con la que hemos desarrollado productos básicos como el pan, el queso, el yogur, el vino o la cerveza y, en culturas orientales, el kimchi coreano o las ahora populares kombuchas.

Durante milenios las bacterias y los hongos han desarrollado la capacidad de convertir casi cualquier molécula en energía para vivir y reproducirse. La genialidad de los humanos ha consistido en poner esta capacidad a nuestro servicio. Y la clave de esta «nueva alquimia»[4] es precisamente la forma de orientar y entrenar estos microorganismos para que conviertan las moléculas de su entorno (desde azúcar o residuos orgánicos hasta CO_2) en alimentos para nosotros.

En el siglo XIX el químico, físico y bacteriólogo francés Louis Pasteur comenzó a estudiar, controlar y manipular microorganismos.

Ya en el siglo XX aprendimos a escalar esta capacidad para generar de manera controlada múltiples productos, como enzimas para la industria alimentaria, vacunas o fármacos. Esta misma tecnología, mejorada mediante técnicas de bioprecisión, se aplica ahora a la de las proteínas alternativas para generar biosimilares, ingredientes y productos con mejores atributos sensoriales y funcionales. · La diferencia hoy estriba en su uso para producir moléculas más complejas destinadas a una industria masiva como es la de los ingredientes. Se trata de pasar del mundo farmacéutico, que fabrica medicamentos para su aplicación en pequeñas dosis, a la industria alimentaria, que busca manufacturar toneladas de producto para alimentar a la población.

En definitiva, la fermentación persigue domesticar los microorganismos para poder prescindir de los animales como unidades de producción de alimentos. Entramos así en la era de la segunda gran domesticación —la primera tuvo lugar hace más de diez mil años cuando el hombre domesticó los macroorganismos, animales y plantas, y pasó de cazador-recolector a granjero—, que tiene el potencial para generar una disrupción sin precedentes en todo el sistema alimentario.

Le hemos dado la vuelta al proceso de generar alimentos, pasando de criar macroorganismos (animales, que luego tenemos que «romper» para obtener las moléculas que necesitamos, las proteínas) a producir directamente estas moléculas; de un mundo en el que la variedad de productos está limitada por la biología a otro en el que las variedades de formulación pueden ser infinitas; de uno en el que la eficiencia tiene un margen de mejora de apenas el 4 % a otro en el que se sitúa entre el 40 y el 80 %[5].

Este cambio de paradigma no solo nos puede ayudar a producir más y mejores alimentos más baratos y accesibles. De ocurrir como vaticinan algunos expertos tendrá importantes consecuencias para las industrias implicadas, como las de alimentación, cosmética, salud o materiales. La forma de obtener sus recursos dejará de estar condicionada por cuestiones geográficas o climáticas y tendrá una influencia directa en el medioambiente e incluso en la soberanía alimentaria y en las estrategias geopolíticas.

3. De la tradición a la fermentación de precisión

Los tipos de fermentación más habituales en la industria alimentaria, desde la más tradicional hasta la más revolucionaria, que combina la fórmula milenaria con las avanzadas técnicas de biología de precisión, son tres:

- **Fermentación tradicional.** Es la que hemos conocido hasta la fecha y que utilizan los microorganismos para transformar productos como legumbres, cereales, leche o zumos. Actualmente también se usa para modular el sabor y la textura de los alimentos o para desarrollar ingredientes nutricionales, como vitaminas, antioxidantes o probióticos.
- **Fermentación de biomasa.** Se trata de cultivar bacterias, levaduras u hongos seleccionados por su alto contenido en proteínas en un biorreactor junto con el sustrato que les alimenta, gracias al cual se desarrollan exponencialmente a gran velocidad. Estamos hablando de 24-48 h frente a los meses o años que dura un ciclo en el mundo animal. El resultado es una materia orgánica unicelular rica en proteína (60-75 %) y fibra. Si has pasado algún tiempo en Reino Unido, recordarás la afición en este país a utilizar Marmite, una pasta untable de aroma y sabor muy intenso (que se ama o se odia) que se considerada el primer producto de biomasa. Es un extracto de levadura, un subproducto del proceso de elaboración de la cerveza, que lleva en el mercado desde 1902. También en 1980 se lanzó *Quorn,* una alternativa cárnica a base de biomasa de hongos (micoproteínas) que hoy es uno de los protagonistas de este nuevo mercado, especialmente en Reino Unido, Irlanda y Holanda.
- **Fermentación de precisión.** Es el tipo de fermentación que más está dando que hablar en los círculos de *foodtech.* En este caso se emplean los microorganismos como biofactorías que se «programan» para fabricar una molécula orgánica, que posteriormente se cosecha, se separa y se purifica. ¿Cuál es la cosecha? Proteínas (incluidas enzimas), grasas (incluidos aceites) o vitaminas con características específicas[6]. Gracias a las técnicas biológicas

y genéticas modernas, podemos reconducir la inclinación natural de estos microorganismos para producir prácticamente cualquier molécula orgánica compleja[7].

4. Papel de la tecnología y la inteligencia artificial en la fermentación

Igual que para formar un equipo olímpico necesitamos seleccionar a los deportistas más dotados y después entrenarlos y cuidar de su alimentación y de su salud en centros de alto rendimiento para que logren los máximos resultados, los microorganismos de la fermentación también precisan atravesar un exigente proceso de selección y entrenamiento.

Para satisfacer las exigencias de volumen, escalabilidad y disponibilidad de una industria como la alimentaria, esta nueva alquimia combina ciencias ómicas[8], técnicas de modificación genética como CRISPR, bioinformática o IA. ¿Para qué? Veamos. ¡Ah!, y no olvides tus gafas de abundancia y exponencialidad:

- **Selección de cepas.** Las tecnologías ómicas dan acceso a una abundante información de los microorganismos, como sus secuencias genéticas y cómo se expresan esos genes para entender cómo producen las proteínas o la molécula deseada. El objetivo es seleccionar las cepas especialmente desarrolladas que no solo sean prolíficas en la producción de proteínas, sino particularmente adecuadas para aceptar y llevar a cabo las instrucciones genéticas para producir la proteína exacta que se desea. Por ejemplo, la betalactoglobulina es un tipo de proteína del suero que desarrolla la empresa Perfect Day para fabricar leche sin animales. Pero para aprovechar y trabajar esta ingente cantidad de información, hay que gestionarla con técnicas bioinformáticas y elaborar modelos con IA y algoritmos.
- **Optimización de los medios de cultivo.** Una vez seleccionados los mejores candidatos de cada cepa, se han de «poner en forma» con una dieta específica y su cultivo en condiciones controladas en biorreactores, cada vez más eficientes.
- **Modelización de procesos de simulación.** Con la ayuda de la IA y la robótica es posible formular millones de potenciales

versiones de nuevos productos e ingredientes en modelos virtuales o gemelos digitales mediante sistemas de cribado de alto rendimiento[9] para analizar y hacer evolucionar los procesos y así lograr la mejor combinación de valor nutricional, sabor, aroma y sensación en la boca de modo mucho más rápido y eficiente.

El conocimiento y la propiedad intelectual generados gracias a estas técnicas son la joya de la corona de cada *startup* dedicada a la fermentación y el motivo por el que los inversores están dispuestos a poner millones sobre la mesa. Gracias a ellas los científicos podrán diseñar y sintetizar prácticamente cualquier molécula conocida (o que no exista en la naturaleza, es decir, sintética) a unos costes infinitamente menores. Producir una sola molécula mediante fermentación de precisión ha pasado de costar un millón de dólares el kilo en 2000 a 100 dólares hoy. Pero si el ritmo de evolución se mantiene, podría llegar a caer por debajo de los 10 dólares el kilo de proteína en 2025[10] —vamos, pasado mañana—. Esto se acerca ya mucho a la deseada paridad de la que hemos hablado en capítulos anteriores.

5. Aplicaciones de la fermentación: de la leche al *Food-as-Software*

Las aplicaciones más prometedoras en el mundo de la fermentación están dirigidas, de momento, a la creación de proteínas, lípidos e ingredientes funcionales para complementar o mejorar la textura y el sabor de productos finales de base vegetal o de carne cultivada. Entre ellos encontramos alternativas a los productos cárnicos, huevos, leche, queso, gelatina, marisco, grasas, aceites y alimentos para mascotas.

La posibilidad de aplicar el modelo de desarrollo propio del mundo del *software* a la alimentación es una visión más rompedora y supone un cambio radical de paradigma. Estaríamos hablando de un modelo de alimento como *software (Food-as-Software)*[11] según el cual los científicos formularían las moléculas mediante algoritmos o programas (una especie de «libros de cocina molecular») que podrían ser accesibles a través de una tienda de aplicaciones para que los ingenieros de alimentos de cualquier parte del mundo pudieran utilizarlos en el diseño de productos. Es decir, un sistema similar al que utilizan los desarrolladores de aplicaciones a partir de librerías precodificadas. Este modelo garantiza que estos programas estén en un proceso de mejora constante por el que cada versión es superior y más barata que la anterior. Según esta visión, el sistema podría descentralizarse completamente, separando la parte de desarrollo de la productiva y permitiendo ubicar instalaciones de fermentación cerca de la demanda o de las fuentes de subproductos y residuos vegetales de los que se nutre esta técnica.

6. ¿Qué productos fermentados se pueden comer ya?

La introducción de este tipo de productos será progresiva, comenzando por la sustitución de algunos ingredientes en modelos B2B, especialmente en las alternativas a la leche y a los huevos, para evolucionar hacia la sustitución de productos finales. Tenemos como ejemplo el ingrediente mágico que hace «sangrantes» las hamburguesas de Impossible Foods, la famosa heme o leghemoglobina, una hemoproteína vegetal obtenida por fermentación con levaduras genéticamente modificadas de las bacterias nodulares de la raíz de la soja. Estos son otros ejemplos:

Lácteos libres de animales:

- **Perfect Day.** Utiliza fermentación de precisión a partir de hongos para desarrollar proteínas de leche, sin la vaca. Su primer producto ha sido proteína de suero. Ha sido la primera compañía en comercializarlo como ingrediente en productos como helados. Sigue su estela la israelí Remilk. En el mundo del queso nos encontramos con Change Foods, que trabaja en proteínas y grasas lácteas; con la estadounidense New Culture y la belga Those Vegan Cowboys, especializadas en la producción de caseína; o Final Foods, nacida en California en 2019 y que propone un formato de código abierto (*open-source)* para producir proteínas de suero mediante fermentación de precisión.

Carne libre de animales:

- **Atlas Food, Prime Roots, Meati Foods y Quorn.** Están especializadas en piezas de carne, como el *bacon,* los filetes o el pollo, a partir de *Mycelium* o micoproteínas, es decir, que se desarrollan a partir de hongos.
- **Nature's Fynd.** Nació literalmente de un volcán. Mark Kozubal, su fundador, desenterró un microbio *Fusarium* de las aguas termales volcánicas del Parque Nacional de Yellowstone (EE. UU.) y, tras analizar su propiedades, montó un equipo de I+D con el que desarrolló la técnica de fermentación que ha dado nombre propio a esta cepa: *Fusarium flavolapis* (*flavolapis* significa «piedra amarilla» en latín). Este descubrimiento ha convertido a Kozubal en director científico de una compañía que produce hamburguesas y queso en crema que ha tenido la osadía de instalar una fábrica de 3200 m^2 en los antiguos corrales de ganado de Union Stock Yards (Chicago), el epicentro de la industria cárnica del siglo XX.

Marisco y pescado sin peces:

- **Aqua Cultured Foods.** Esta *startup* estadounidense utiliza la fermentación para producir alternativas a los productos del mar, como análogos del atún para sushi, *whitefish* o corégono[12], calamares y marisco (gambas y vieiras), con valores nutricionales similares al bacalao.
- **Nurish Ingredients.** Esta empresa australiana está especializada en el desarrollo de grasas para carne, pescado y lácteos.

Huevos sin gallinas:

- **The Every Company (antes Clara Foods Co.).** Esta empresa de biotecnología estadounidense pionera en el campo de la fermentación desarrolla proteínas de huevo como ingrediente para la industria alimentaria.
- **FUMI Ingredients.** Esta *startup* nacida en el seno de la Universidad de Wageningen (Holanda) utiliza la fermentación de

biomasa para desarrollar una alternativa a la clara de huevo que pueda utilizarse como ingrediente en productos alimentarios.

- **The Protein Brewery.** Esta empresa holandesa apuesta por proteínas de huevo producidas con fermentación de biomasa a partir de hongos, técnica que también aplica a la producción de proteínas destinadas a alternativas cárnicas.

Otros ejemplos:

- **Motif FoodWorks.** Hija de la biotecnológica ubicada en Boston Ginkgo Bioworks y especializada en el desarrollo de ingredientes, ha desarrollado una fórmula para obtener mioglobina a partir de la fermentación de una levadura convenientemente modificada. Esta molécula, generalmente presente en los tejidos musculares de la carne, le aporta su característico sabor y aroma al ser cocinada. Bautizada como *hemami,* está pendiente de recibir el visto bueno de la FDA como «aroma y colorante natural» para mejorar el sabor de las hamburguesas *plant-based*[13].
- **Mushlabs.** Esta empresa berlinesa usa la fermentación de precisión para crear ingredientes destinados a la industria de las alternativas cárnicas desarrollados a partir del micelio de los hongos.
- **Avant Meats y Provenance Bio.** Estas empresas ubicadas en Hong Kong y San Francisco (EE. UU.), respectivamente, están especializadas en gelatina y colágeno destinados no solo a la industria alimentaria, sino también cosmética y de la salud.

MOA FOODTECH
Fermentación y revalorización de residuos para una nueva generación de proteínas

Esta *startup* navarra fundada por Bosco Emparanza y Susana Sánchez transforma subproductos agroalimentarios como el bagazo, los cereales o los residuos del refinamiento del azúcar en una proteína vegetal de alto valor mediante un proceso de fermentación. Una de las claves de MOA Foodtech es la correcta selección de microorganismos que sean capaces de utilizar subproductos como sustrato, cuyo crecimiento sea rápido que sea escalable en el ámbito industrial. Un proceso para el que, se apoya en técnicas de IA.

MOA Foodtech cuenta con una librería de más de trescientos microrganismos (no genéticamente modificados [OGM]) con un gran potencia, que la *startup* adapta para optimizar la conversión del sustrato en proteína. El ingrediente obtenido tiene un alto perfil nutricional debido a sus componentes: proteínas (60-70 %), betaglucanos (que potencian el sistema inmunitario), vitaminas B y ácidos grasos omega, además de un contenido en aminoácidos esenciales que supera el recomendado por la FAO y que es más completo que el de la soja o el del guisante. Al emplear subproductos de diferentes industrias, el proceso tiene un impacto ambiental potencialmente menor en comparación con el de las proteínas de origen animal e incluso con el de otras proteínas de origen vegetal.

———

7. El futuro: convertir el aire en proteínas

Obtener alimento del aire puede parecer la cuadratura del círculo, pero eso es precisamente lo que proponen algunas iniciativas inspiradas en técnicas de la NASA:

- **Air Protein.** Esta empresa estadounidense ha desarrollado una tecnología capaz de obtener en sus tanques de fermentación un ingrediente compuesto en un 80 % de proteína con el mismo perfil de aminoácidos que la proteína animal. En esta fórmula, que nació de la idea de convertir el CO_2 espirado por los astronautas en alimento, han confiado compañías como el gigante de los ingredientes ADM o el Foro Económico Mundial, que ha designado esta *startup* como una de las pioneras de la industria.
- **Solar Foods.** Resulta paradójico que una *startup* finlandesa proponga generar proteínas a partir de la luz del sol. Su técnica usa electricidad de fuentes sostenibles para obtener hidrógeno del agua contenida en el aire (electrólisis), que combina con CO_2 y microorganismos capaces de transformarlo en proteínas. Su

Solein (proteína solar) ha cautivado el interés de los inversores, quienes han aportado 35 millones de euros para poner en marcha un centro de producción en Finlandia.

8. Implicaciones, retos y oportunidades de la industria de la fermentación

El hecho de que la fermentación sea una técnica ancestral tiene dos ventajas importantes: no necesita pasar un proceso de aprobación por parte de las autoridades, como ocurre con la carne cultivada, y genera menos resistencia en la percepción del consumidor. Analizamos aquí otras implicaciones de esta técnica:

- **Innovación.** La industria alimentaria puede disponer de una paleta más amplia de ingredientes a partir de los cuales incrementar sus posibilidades de generar productos orientados a las necesidades de cada nicho de consumidor y diferenciarse del mercado.
- **Economía circular y revalorización.** Supone una enorme oportunidad para revalorizar subproductos y residuos de la industria agroalimentaria, sea caña de azúcar, bagazo de cerveza u otras bebidas, melaza de remolacha, pulpa de frutas o mondas de patata. En España nuestro sector vegetal es muy relevante y genera abundancia de residuos vegetales que se pueden reintroducir en la cadena alimentaria, originando así nuevos modelos de negocio y fomentando la economía circular.
- **Disrupción.** Las técnicas de fermentación ya han disrumpido diversas industrias, entendiendo por *disrupción* la capacidad de dejar obsoleto e incluso de desbancar lo anterior. Recordemos que antes de 1982 la insulina utilizada por los diabéticos procedía del páncreas de vacas o cerdos y se necesitaban unos cincuenta mil animales para extraer un kilo de esta sustancia. En la década de 1990 la insulina obtenida mediante fermentación ya era más competitiva. En cosmética, donde se utiliza para desarrollar colágeno idéntico al humano, lo es desde 2005. En unos años (en torno a 2030, según algunos análisis) estas técnicas teóricamente podrían superar en eficiencia, capacidad, escalabilidad, coste y quizás calidad a la ganadería como técnica de producción

de alimentos. El momento en el que los productos desarrollados con estas técnicas se democraticen por su precio, aceptación o conveniencia supondrá el comienzo de la disrupción del sector.

- **Seguridad, soberanía alimentaria y gobernanza.** La capacidad de producción y la escalabilidad exponencial son los principales factores que apuntalan el potencial de las técnicas de fermentación para favorecer la seguridad de suministro y la soberanía alimentaria, ya que su producción descentralizada no dependería de contar con grandes recursos (como territorio o agua), cuestiones como el clima o posibles disrupciones en la cadena de suministro (p. ej., debidas a una crisis sanitaria global o a una guerra)[14]. Además, se prevé que el coste de producción de estos modernos alimentos se reduzca entre el 50 y el 80 %. Las claves para que realmente tenga ese impacto positivo y de accesibilidad global serán, no solo la distribución geográfica de estas capacidades de producción, sino también los criterios de gobernanza y buenas prácticas de los que se dote la industria para garantizar también el acceso al conocimiento y que los magníficos propósitos enunciados se materialicen de forma justa para todos.
- **Limitaciones.** Los microorganismos utilizables en esta técnica se limitan a los no patógenos, que son los que se entiende como seguros, sea por su uso tradicional o por haber sido aprobados.
- **Complementariedad con otras categorías.** Las técnicas de fermentación permitirán crear productos completos, pero también proporcionarán ingredientes que contribuyan a la formulación de productos finales *plant-based* o de carne cultivada. Además, gracias a su sabor neutro, no necesitan enmascaradores, por lo que facilitan el camino hacia las deseadas etiquetas limpias. También servirán como sistema para desarrollar medios de cultivo de la industria *cell-based* de forma más escalable y económica, que, como hemos visto, constituye el principal coste.
- **Impacto ambiental.** Confirmar las supuestas bondades de la fermentación de precisión en este aspecto es una de las cuestiones pendientes. Se precisa realizar un correcto análisis del ciclo de vida de estos procesos biotecnológicos, especialmente cuando alcancen escala industrial. También resulta fundamental definirlos con criterios de ecodiseño, es decir, que desde el principio minimicen el uso de agua, energía y otros recursos, así como

emisiones o subproductos, para que el balance final sea sostenible, tanto medioambiental como económicamente. Al igual que el de *cell-based,* se trata un sector intensivo en energía, por lo que resulta deseable que su desarrollo sea paralelo a la expansión de las energías renovables.

- **Capacidad productiva.** Estará restringida por las importantes inversiones iniciales que necesita y por la limitación de infraestructuras disponibles actualmente. Pero como el entorno regulatorio es más favorable que en el caso del *cell-based* y las inversiones están fluyendo de manera creciente, podemos esperar que esta cuestión no resulte un problema insalvable. Además, se pueden aprovechar instalaciones hasta ahora dedicadas a la producción de biocombustibles, otra industria en su día disruptiva que ahora experimenta los efectos de un nuevo paradigma, la movilidad eléctrica.

- **Oportunidad para otras industrias.** Las empresas dedicadas a estas técnicas contarán entre sus clientes con las industrias de los materiales, la salud o la cosmética. También notarán el tirón de la demanda las industrias en las que se apoyan, como la biotecnológica, la IA, la simulación de productos o la genética. Una vez avanzados los sistemas *Food-as-Software,* las compañías que ya tienen probados modelos de distribución y producción local con formatos bajo licencia, como las empresas locales que envasan los productos de grandes compañías, como Coca-Cola o Heineken, podrían interesarse en ampliar sus fronteras y sus líneas de negocio con estos nuevos productos.

9. Fermentación, exponencialidad y abundancia

Al hablar de los componentes de la exponencialidad en mis clases y talleres, suelo citar la conexión con la abundancia, el uso de las tecnologías exponenciales, el poder de las 6D, los diez atributos de la exponencialidad y, por supuesto, el propósito. En el mundo de la fermentación encontramos prácticamente todos estos elementos.

Conectamos con la abundancia a través de la revalorización de subproductos de la industria alimentaria o del mismo CO_2 del que andamos desafortunadamente sobrados o cuando usamos técnicas genéticas y de biocomputación para obtener y gestionar la ingente información sobre el ADN y la forma de expresarse de la microflora. Cuando describimos la capacidad de crecimiento exponencial de los microorganismos, estamos hablando de generar abundancia, y además de forma muy rápida.

El modelo *Food-as-Software* supone que la producción de proteínas se digitaliza, se desmaterializa, prácticamente se desmonetiza, o al menos su coste se reduce de forma drástica[15] y, tras superar el abismo de la decepción, se democratiza.

En la naturaleza hay millones de proteínas que actualmente no consumimos por desconocerlas o por la dificultad que supone producirlas a precios competitivos, pero con este nuevo modelo de producción se vuelven accesibles, por lo que tendremos la capacidad, no solo de recrear las moléculas que ya conocemos, sino de idear formulaciones completamente nuevas, solo limitadas por nuestra imaginación. Estaremos transicionando de un sistema de escasez a otro de abundancia, de modelos de extracción a otros de creación.

El famoso Oso Yogi jamás pudo imaginar que su querido parque de Yellowstone albergaba la clave para saciar su apetito. ¿Cuántos *Fusarium flavolapis* nos quedan por descubrir?

10. Mercado e inversión

Las *startups* de fermentación están atrayendo la atención de los inversores, entre los que se encuentran rostros conocidos de empresarios (como Gates, omnipresente en el mundo de la proteína alternativa), fondos o corporaciones (como Kellogg's, Danone, Kraft Heinz, Tyson o Mars), que se han apresurado a apostar por esta industria.

Algunas de las operaciones más llamativas son las de Perfect Day, que con sus 300 millones de dólares marcó el hito de la mayor recaudación de la industria de la fermentación, o las de The Every Company, que captó 175 millones de dólares o 125 millones de dólares en dos series.

Con estas cifras la fermentación puede convertirse en la categoría líder de la industria de las proteínas alternativas en poco tiempo.

De hecho, en 2021 en EE. UU. ya fue así[16], quizás porque, como dice el CEO de Nature's Fynd, Thomas Jonas, «La fermentación es más eficiente y los mercados odian las ineficiencias».

Gráfico 7.1. Inversión anual en compañías de fermentación (2013-2020).

Fuente: GFI a partir de datos de PitchBook 2021.

CLAVES DE LA FERMENTACIÓN

- Esta categoría incluye desde métodos ancestrales hasta sistemas de fermentación de biomasa y de precisión que se apoyan en técnicas de biología de precisión, ingeniería genética e IA para optimizar los procesos y su rendimiento.
- Se utilizan para productos como carne, pescado, lácteos o huevos o para ingredientes que completen fórmulas híbridas de cultivo celular o con *plant-based*.
- Su productividad puede llegar a multiplicar por 10 la capacidad de producción de proteínas de los métodos tradicionales a partir de animales, si bien produce proteínas de menor peso molecular.

- Al basarse en técnicas tradicionales y tener la consideración de técnica «habitualmente segura», no requiere una aprobación regulatoria previa, pero hay una limitación en el número de microorganismos utilizables.
- La categoría de fermentación ha adelantado a la de cultivo celular o *cell-based* en cercanía al mercado, inversión y expectativas.
- Subproductos de la industria alimentaria, plásticos y hasta elementos del aire como el CO_2 son el sustrato del proceso fermentativo. Hay una abundancia extraordinaria de materias primas que abre la puerta a innovadores modelos de negocio basados en la revalorización, la reducción de la pérdida alimentaria y la economía circular.
- Las técnicas de fermentación altamente digitalizadas abren la puerta a modelos de negocio tipo *Food-as-Software* altamente disruptivos, capaces de generar un auténtico cambio de paradigma en la forma de crear alimentos.
- Esta categoría tiene todavía por delante varios retos: la intensidad de capital que requiere para su fase de escalado industrial, la escasez de capacidad productiva y la demostración de que las bondades medioambientales que promete se cumplen en este nivel.

8
GUERRA AL AZÚCAR, ¿EL NUEVO TABACO?

«La obesidad infantil es una de las mayores amenazas
a la infancia en el mundo.
La investigación científica es un componente fundamental
para luchar contra este problema».

Pau Gasol,
cofundador de la Fundación Gasol

1. Obesidad y diabetes, las otras pandemias del siglo XXI

En el ámbito mundial la obesidad afecta a 124 millones de niños y se estima que esta cifra alcanzará los 230 millones en 2030. En España cerca del 40 % de la población infantil es obesa o padece sobrepeso[1].

Desde 1975 esta enfermedad se ha triplicado en toda la población; hasta tal punto es así, que hay quien la denomina la *pandemia del siglo XXI*. Sí, pandemia, porque, aunque resulta mucho menos escandalosa, también mata. La OMS considera la obesidad responsable de 2.8 millones de fallecimientos cada año[2]; la COVID-19 registró 5.8 millones de fallecimientos en todo el mundo en dos años y medio[3]. Desde 2022 hay más población infantil y adolescente con obesidad que pasando hambre.

La diabetes es una de las enfermedades no contagiosas más frecuentes en el ámbito global. En el mundo son más de cuatrocientos millones de personas las que padecen esta enfermedad y, según las previsiones, se alcanzará un tercio de la población en 2029. En nuestro país afecta ya a casi seis millones de personas, cifra que ha crecido 3.71 puntos desde 1991.

Aunque se trata de patologías multifactoriales, un exceso en el consumo de azúcar se viene señalando desde hace algunos años como uno de los factores más importantes en su desarrollo. Algunos Gobiernos han promovido regulaciones encaminadas a reducir su uso en la industria alimentaria y muchas marcas han establecido objetivos concretos al respecto porque el azúcar no es solo ese dulce granulado que añadimos al café, sino un ingrediente presente en un buen porcentaje de los alimentos que consumimos; por ejemplo, en EE. UU. un 74 % de los alimentos y bebidas envasados contienen algún tipo de azúcar. Y el motivo no radica exclusivamente en el sabor, sino en las propiedades técnicas que aporta este ingrediente.

Todos estos datos han convertido al azúcar en la «nueva grasa» o incluso en el «nuevo tabaco». Sin caer en la tentación de demonizarlo, existe una clara tendencia hacia la reducción del uso y consumo de azúcar[4]. Desde el desarrollo de la primera sacarina en 1880 a partir de alquitrán de hulla, las alternativas al azúcar han labrado un mercado valorado en más de 100 000 millones de dólares. Necesidad, tendencia, impulso regulatorio y mercado atractivo, ¿qué más se necesita para crear un caldo de cultivo atractivo para la innovación?

«Las alternativas al azúcar han labrado un mercado valorado en más de 100 000 millones de dólares».

Las aproximaciones a esta oportunidad son diversas; la más común, crear alternativas con el mismo poder endulzante pero menor aporte calórico o menor índice glucémico. El reto, como en otros alimentos alternativos, es reproducir no solamente el sabor del azúcar, sino esos otros comportamientos técnicos en la elaboración de alimentos que lo hacen tan especial, como influencia en la textura, capacidad de caramelizado, cristalización, color, aroma, conservación, etc., que resultan tanto o más importantes que el dulzor. Otras soluciones pasan por aplicar tecnologías que reducen la presencia de azúcares en los alimentos ricos en ellos, como los zumos, y hacerlos nutricionalmente más interesantes. También existen otras aproximaciones que buscan eliminar o disminuir la necesidad de añadir azúcar a los alimentos trabajando en otros frentes, como bloqueando los sabores no deseados, como los amargos, o actuando sobre los receptores del gusto.

Como en otros alimentos alternativos, el desafío consiste en encontrar soluciones que conformen una propuesta de valor completa en todos o en la mayor parte posible de ángulos: perfil nutricional, sabor, propiedades técnicas, coste, disponibilidad de la materia prima o facilidad de producción, compatibilidad con los procesos industriales, etc. Estas son algunas de las aproximaciones en las que la industria *foodtech* está trabajando.

2. Proteínas edulcorantes

Se consideran buenas candidatas como alternativas en formulaciones de bebidas en las que otras propiedades del azúcar, como aromas, color o textura, no resultan tan relevantes:

- **Amai Proteins.** Esta *startup* israelí, cuyo nombre significa «dulce» en japonés, ha confiado en la ancestral técnica de la fermentación y en la más moderna tecnología de diseño computacional para convertir una proteína frecuente en frutos procedentes de zonas ecuatoriales en un sustituto del azúcar capaz de endulzar hasta diez mil veces más. Es decir: 0.5 g de esta proteína equivaldrían a una cucharada de azúcar, pero, al tratarse de una proteína, no aportaría calorías y resultaría nulo el índice glucémico. Los fundadores de Amai Proteins esperan que, una vez alcanzada la escala industrial, el precio sea incluso un 90 % inferior.
- **Magellan Life Sciences.** Esta compañía biotecnológica británica ha creado una plataforma de fermentación de precisión llamada *X-Seed* que es capaz de generar un tipo de proteínas con alto poder edulcorante pero casi sin calorías, sin sabores

amargos o metálicos y sin producir la respuesta de insulina que genera el azúcar.

3. Azúcares alternativos

Otras *startups* están apostando por diseñar ingredientes que, si bien siguen perteneciendo a la familia de los azúcares, tienen un comportamiento más diferente:

- **DouxMatok.** La tecnología desarrollada por esta *startup* israelí transforma la estructura de los cristales del azúcar tradicional de forma que se disuelve más rápido y lleva el sabor de forma más eficiente a los receptores del gusto, con lo que se necesita utilizar menos cantidad.
- **Supplant.** Antes Cambridge Glycoscience, esta compañía nació tras años de investigación en la Universidad de Cambridge (Reino Unido). El producto que propone es una mezcla de azúcares que se encuentran de forma natural en la fibra vegetal y que se fabrica a partir de la revalorización[5] de subproductos fibrosos como la paja de trigo o arroz, las hojas de avena o las mazorcas de maíz. Esto significa, según sus creadores, que el organismo los reconoce como fibras y las trata como tales en el aparato digestivo. Además, tiene una gran ventaja: imita el sabor, la textura y el comportamiento del azúcar en aspectos como el caramelizado o la cristalización, pero con un notablemente menor índice glucémico.
- **Purecane.** La empresa de ingredientes Amyris convierte, mediante técnicas de fermentación, los residuos de caña de azúcar brasileña en un edulcorante sin calorías, con índice glucémico cero y, según afirma, con un comportamiento semejante al del azúcar, incluso en bollería doméstica e industrial. Se comercializa en Canadá, EE. UU. y Brasil.

4. Transformación del azúcar

Otra de las estrategias para la reducción del azúcar en los alimentos consiste en utilizar técnicas que lo transformen en otros componentes. Si además pueden ser funcionales y aportar beneficios en lugar de un impacto negativo, se logra la cuadratura del círculo. Better Juice es una *startup* lanzada en 2017 por un equipo de bioquímicos y microbiólogos cuya tecnología enzimática reduce el contenido de azúcar en los zumos de naranja utilizando ingredientes naturales que convierten la fructosa, la glucosa y la sacarosa en fibras dietéticas prebióticas y en otras moléculas no digeribles. El resultado es un producto con el mismo dulzor del zumo de naranja pero con hasta un 80 % menos de azúcar, bajo en calorías y con los mismos valores nutricionales, incluidas las vitaminas. Su modelo de negocio está basado en la integración de sus procesos con proveedores de tecnología e ingeniería para la industria alimentaria, a los que Better Juice proporciona su conocimiento y los microorganismos para el proceso enzimático[6].

5. Engañar al paladar

Está claro que a nadie le amarga un dulce pero, si esa es nuestra perdición, ¿por qué no engañar al paladar?:

*   **Victory.** Los chicles de esta *startup* israelí bloquean los receptores de azúcar en la lengua en tan solo 2 min convirtiéndolo en algo insípido o incluso agrio para que durante 2 h nos olvidemos de los antojos de dulce.
*   **Baïa Food.** Tras ocho años de investigación y desarrollo, esta *startup* española logró el visto bueno de la EFSA para comercializar la Miraculina DMB®, un producto hasta ahora desconocido para el mercado que tiene la capacidad de convertir el sabor ácido en dulce. Se obtiene mediante la liofilización de la pulpa y la piel de la llamada *baya milagrosa (miracle berry), Synsepalum dulcificum*, que crece de forma endémica en el continente africano y cuya llamativa propiedad se la otorga una proteína capaz de adherirse a los receptores de la lengua y así enmascarar el sabor ácido y convertirlo en dulce durante aproximadamente 1 h, aunque para que surta el efecto deseado debe tomarse antes de la ingesta de alimentos. De momento se empleará en nutrición clínica para solventar problemas derivados de la disgeusia (alteración o

pérdida del gusto), que sufren aproximadamente un 30 % de la población mayor de 65 años o pacientes oncológicos a los que los tratamientos de radioterapia transforman la percepción de los sabores. También podrá utilizarse en la dieta de personas con hipersensibilidad a la acidez u otras patologías que les restringen la ingesta de azúcar, como la diabetes o la obesidad. La *startup* sigue investigando junto con empresas de la industria alimentaria el potencial de esta sustancia para formular productos con menor presencia de azúcar.

CLAVES DE LA GUERRA CONTRA EL AZÚCAR

* La obesidad y la diabetes son dos de las enfermedades no contagiosas más frecuentes en el ámbito global y responsables de millones de muertes al año. Su prevalencia afecta cada vez a más personas y más jóvenes.
* Aunque se trata de patologías multifactoriales, el excesivo consumo de azúcar en alimentos procesados se ha señalado como una de sus principales causas.
* El reto de reducir la presencia de azúcar en la industria alimentaria no afecta solo al sabor de los alimentos, sino a importantes propiedades técnicas de este ingrediente difíciles de sustituir por las alternativas actuales.
* La innovación se aborda desde diversos ángulos: proteínas edulcorantes, azúcares alternativos con menor índice glucémico, transformación del azúcar en ingredientes de mayor valor nutricional (como fibra o probióticos), bloqueo de sabores o modificación de la percepción del gusto.

9
INNOVACIONES EN SUPERMERCADOS Y RESTAURANTES

«Los cambios en los hábitos y las expectativas de los compradores están llevando a las marcas y a los minoristas a dar prioridad a la ultraconveniencia y a las experiencias de compra sin fricción».

*Los 5 mayores retos para las marcas y los minoristas en 2022.*CB Insights

1. Innovaciones en los establecimientos físicos de alimentación

Las fronteras entre el supermercado y el restaurante son cada vez más difusas; incluso se han acuñado términos híbridos como *mercaurante*. Comparten ser el punto de conexión con el consumidor, tanto en su versión tradicional física como *online,* y muchos de los retos a los que se enfrentan.

El avance del comercio electrónico de alimentación, impulsado por los nuevos modelos de *e-grocery, meal delivery* y DTC, y más recientemente por la pandemia, presiona a los *retailers* y a restaurantes en tres sentidos: ser más eficientes, reinventar la experiencia en los establecimientos físicos y explotar las posibilidades de los nuevos canales *online*.

Tal y como se refleja en el gráfico de la cadena de valor *foodtech*, a efectos de este libro he considerado adecuado unir en una única macrocategoría todo lo relativo a esos nuevos canales englobándolos bajo el paraguas genérico de *delivery*, independientemente de si lo que se entrega al consumidor es la compra de un supermercado, un *meal kit*, el pedido de un restaurante o un poco de todo ello. Porque precisamente una de las tendencias que se están cociendo actualmente es que esa dilución de las fronteras entre el supermercado y el restaurante se traslade también a la entrega a domicilio, especialmente con la irrupción de los formatos de ultraconveniencia (Q-*commerce* o *ultra-fast delivery*). Veremos más detalles de todo ello más adelante.

En este capítulo describimos algunas de las innovaciones más interesantes que se están produciendo dentro de los establecimientos físicos *(in Store)*, supermercados o restaurantes, lo que ocurre de cara al consumidor *(front office)* y qué pasa en la trastienda *(back office)*.

Innovación en el supermercado

Conocer mejor al cliente, fidelizarlo y anticipar la demanda son algunas de las necesidades clave de una industria en transformación a la que los innovadores de *foodtech* han tratado de dar soluciones con propuestas de interacción digital *(digital engagement)* en el establecimiento, sistemas de transparencia o capacidades multicanal.

Sin embargo, una de las innovaciones con mayor potencial de disrupción en lo que se refiere a la experiencia de usuario se centra en las tiendas autónomas o «súper sin cajas ni cajeros» *(cashier less store)*. Se trata de ofrecer una experiencia de compra semiautomatizada que se enmarca en el concepto de experiencias sin fricción *(frictionless experiences)*, es decir: entras en el establecimiento, eliges tus productos y te vas sin pasar por caja, el mayor punto de fricción de la experiencia en el supermercado. Esto, que en principio puede sonar sencillo, resulta posible gracias a una suma de tecnologías de reconocimiento de imagen, sensores, IA y datos distribuidas en la tienda o sencillamente incorporadas al carrito o a la cesta de la compra. El pionero en este nuevo modelo de supermercados ha sido Amazon, con Amazon Go y su tecnología Just Walk Out. Inicialmente equipar cada tienda con esta tecnología tenía un coste aproximado de un millón de dólares. Cuatro años después de su nacimiento apenas supera los 150 000 dólares. Pero aunque puede reducir algunos costes de una cadena (como en el área de personal o en la eliminación de robos) y cada punto que se logra contener esos costes es clave en un negocio cuyos márgenes rondan el 30 %, quizás no es esta su mayor contribución, sino su capacidad de generar datos de ventas, de inventario o de comportamiento del consumidor en tiempo real, de gran valor para la optimización de los negocios, gracias a un sistema altamente automatizado como el descrito.

En 2020 Amazon abrió el acceso a su tecnología Just Walk Out para que otros *retailers* pudieran incorporarla en sus locales, como han empezado a hacer Starbucks, la cadena británica Sainsbury's o Dufry AG en algunas tiendas de conveniencia de los aeropuertos estadounidenses, donde tienen muchísimo sentido. Pero no todas las compañías se sienten cómodas confiando una parte tan delicada al mayor disruptor del *retail* de la historia. Por ello Tesco y el grupo alemán REWE han preferido trabajar con la israelí Trigo. Walmart, la mayor cadena de supermercados de EE. UU., ha estado probando el sistema de la *startup* Caper, que ha denominado KroGO. *Retailers* como Aldi o Carrefour usan la tecnología de AIFI. Y desde Portugal está empujando con fuerza Sensei, que trabaja con supermercados y con tiendas de conveniencia y de comida para llevar y que, tras captar inversión de varios fondos, ha iniciado su expansión por Reino Unido, Francia, Alemania y España.

Pero todavía no conocemos los planes reales de Amazon en este campo: si las tiendas físicas (tanto Amazon Go como los supermercados Whole Foods que compró en 2017) son una línea de negocio real dentro de su ecosistema o simplemente un campo de pruebas para su verdadera apuesta, la tecnología. Como explica el analista de Bloomberg Alex Web[1], la compañía sabe bien que la tecnología, especialmente el *software* en el formato más común, actualmente *Software-as-a-Service* (SaaS), es un negocio muy escalable y rentable, con unos márgenes que rondan el 70 %, algo difícilmente alcanzable en el negocio del *retail* físico. Además, será difícil extender la adopción de una solución si sus principales clientes potenciales sienten que están dejando las llaves del gallinero en manos de la comadreja.

Si hay algo en lo que es especialista Amazon es en disrumpir industrias abordándolas con un modelo de negocio nuevo. Lo hizo con la venta de libros, con el comercio electrónico general y con su división de tecnología en la nube, Amazon Web Services (AWS)[2]. En el mundo del *hardware* Kindle logró cerrar el círculo virtuoso de libro electrónico y su oferta de contenido, fórmula que, sin embargo, no consiguió replicar con Fire, su intento de teléfono móvil. Quizás ahí y con la moda ha aprendido que no en todas las industrias es sencillo, o suficientemente atractivo, entrar a desarrollar un ecosistema completo y que es más inteligente focalizarse en la tecnología para que los auténticos expertos puedan llevar sus negocios a otro nivel, quedándose Amazon, eso sí, con la sabrosa porción del pastel que un modelo SaaS aporta. El propio Web lo resume con una acertada analogía con el mundo de los móviles: Just Walk Out se podría convertir en el sistema operativo de los supermercados, capaz de «correr» sobre cualquier *hardware,* en este caso sobre cualquier tienda. Queda por saber si Bezos quiere seguir aquí el modelo iPhone o Android.

La trastienda y el almacén

El almacén, entendido de una forma amplia como toda esa compleja logística que nutre de productos las tiendas, es la parte oculta del iceberg, el lugar donde se libran una buena parte de las batallas por la eficiencia, la flexibilidad y la resiliencia de los negocios de *retail,* además de facilitar su transición hacia el *e-commerce* y la economía bajo demanda *(on demand)*. Esta tendencia, una vez más acelerada por influencia de la COVID-19, tira fuertemente de las categorías de *foodtech* relacionadas con las operaciones, la planificación y las analíticas[3], por ejemplo: gestión del inventario, para lograr datos más precisos del producto disponible o anticipar la demanda (según Deloitte, los supermercados pierden cada año 144 000 millones de dólares por faltas de *stock*); robotización y automatización de almacenes; creación de microalmacenes de abastecimiento *(micro-fulfillment)*, y robotización de la cadena de suministro, incluida la última milla, que veremos más ampliamente en el capítulo de *delivery*.

Los almacenes de *micro-fulfillment* fueron la tendencia emergente más importante durante la pandemia. Son microplataformas de distribución automatizadas ubicadas cerca de las áreas urbanas (o incluso en el centro) pensadas para dar servicio en la última milla del canal *e-commerce* de forma descentralizada, es decir, para cubrir la preparación de los pedidos *(picking)* lo más cerca posible del comprador. En la mayoría de los casos aprovechan espacio de supermercados urbanos y en estos almacenes manejan el 20 % de las referencias que suponen el 80 % del volumen; el resto del pedido se completa con *picking* manual en tienda. Tras el impulso de este canal como consecuencia de la reciente crisis sanitaria, aparecen en muchas cartas a los Reyes Magos del sector, inspirados una vez más por Amazon y su estrategia de aplicar tecnología en todos y cada uno de los procesos de la cadena de valor y de poner por delante de todo las necesidades del cliente.

Los *retailers* necesitan 1.25 millones de m^2 de almacén por cada mil millones de dólares en ventas[4]. Para visualizarlo mejor, un gran centro logístico tipo puede ocupar el espacio de cuatro o hasta veinte campos de fútbol. Estos *minihubs* optimizan el espacio para acumular diez mil referencias de productos de despensa o frescos en la décima parte de la superficie de un campo de fútbol. Puedes imaginarlos como un espacio de estrechos pasillos flanqueados por altísimas columnas de estantes totalmente automatizados y recorridos por cientos de robots con aspecto de canastas rodantes o arañas que cuelgan sobre las estanterías, se comunican y se encuentran entre sí para hacer una compra de cincuenta artículos en 5 min[5].

Responder a las exigencias actuales de conveniencia e inmediatez requiere acercar el producto al consumidor y apretar las tuercas de la optimización, donde la automatización y la robotización son las herramientas clave para hacerlo de forma escalable y flexible, ya que si algo hemos aprendido es que la evolución del negocio resulta cada vez menos previsible. Los supermercados que contaban con este tipo de microalmacenes fueron capaces de dar servicio a sus clientes durante el confinamiento, por ejemplo, la cadena estadounidense Walmart, mientras pudimos comprobar cómo el servicio *online* de la mayoría de las cadenas directamente hacía crac. Carrefour ya lo está explorando en seis centros en Francia y en Reino Unido se calcula que habrá ochenta centros de *micro-fulfillment* en un par de años. En

España es algo todavía muy incipiente. Aunque Dia cuenta con algunas *dark stores* y Mercadona impulsó lo que llama «colmenas», todavía se gestionan eminentemente de forma manual. La cuestión es estudiar a partir de qué nivel de penetración, volumen total y recurrencia del *e-grocery* empieza a merecer la pena la inversión. La pandemia aceleró su adopción de cuatro a cinco años hasta superar la rebelde barrera del 2 % en España, todavía lejos del 12 % de Reino Unido o del 8.2 % de Francia. Mientras Amazon compra Kiva Systems para robotizar sus centros de *picking,* la británica Ocado afina su tecnología para llevarla hasta tiendas pequeñas o *dark stores,* y *startups* especializadas como Takeoff Technologies (EE. UU.), Exotec Solution (Francia), Common-Sense (Israel) o Geek, la china especializada en robots para almacenes, cierran inversiones multimillonarias impulsadas por expectativas de crecimiento de hasta el 60 % en los próximos seis años de la mano principalmente del crecimiento por el *e-grocery*[6].

El restaurante se digitaliza por fuera y por dentro

Antes de 2020 en el Estudio de Digitalización del Restaurante que dirigí para el Basque Culinary Center comprobamos que lo que más preocupaba a la industria de la restauración en relación con su transformación digital era cómo conocer mejor al cliente, cómo diagnosticar los problemas y encontrarles soluciones y cómo predecir la demanda y las tendencias que influyen en los negocios[7]. Estas son inquietudes asociadas a los retos de una competencia creciente que apretaba su rentabilidad y a la necesidad de una gestión más granular y profesionalizada del negocio. El bofetón de la pandemia convirtió este elefante en la habitación en un auténtico mastodonte. Y la búsqueda de soluciones para mejorar la eficiencia y captar y fidelizar al cliente allá donde esté, en la calle o en su casa, ha pasado de tendencia a auténtica tabla de salvación para un sector que ha perdido en torno al 15 % de los negocios como efecto de un tsunami llamado *COVID-19.*

Consulta el Estudio de Digitalización del Restaurante para el Basque Culinary Center.

La situación dramática de los restaurantes se extendió también a sus proveedores tecnológicos. Con la bajada de la persiana de los comedores, cerraban también, de la noche a la mañana, sus fuentes de ingresos. Espoleados por esta situación fue fascinante ver cómo desde pequeñas *startups* hasta grandes grupos pusieron sus motores de innovación a toda máquina para ayudar a mantener a flote un barco en el que viajan todos. Plataformas de reserva como CoverManager se reinventaron para convertir las mesas reservadas en pedidos al hogar. Sistemas de fidelización como Cheerfy prácticamente reinventaron la *startup* para transformarse en una especie de *one-stop-shop* para los restaurantes.

Y hemos visto también cómo esta situación espoleaba un fenómeno creciente: el interés de las empresas de restauración por hacerse con estas tecnologías vía adquisiciones o inversiones en *startups* de tecnología aplicada a restaurantes *(restaurant tech)* o mediante acuerdos o laboratorios de innovación colaborativa.

En 2021 Yum! Brands, la multinacional estadounidense que gestiona marcas tan conocidas como KFC, Pizza Hut o Taco Bell, adquirió dos compañías: Kvantum, que emplea IA para optimizar su estrategia de marketing, y Tictuk Technologies, que permite a los usuarios realizar pedidos a través de las redes sociales o WhatsApp. La cadena de restaurantes Chipotle, especializada en comida rápida *tex-mex,* ha invertido en Nuro, la marca de vehículos autónomos para *delivery.* Anteriormente McDonald's había invertido en la *startup* de IA Dynamic Yield.

En España este interés está más bien liderado por los proveedores del sector Horeca, con iniciativas tipo aceleradora, como BarLab, de Mahou-San Miguel; Culinary Action!, del Basque Culinary Center, o el Programa de Incubación para la Innovación, de Proyectos HORECA, desarrollado por el Ayuntamiento de Madrid desde Madrid Food Innovation Hub.

2. *Front office,* al encuentro con el consumidor

La primera línea de batalla de la digitalización del *front office*[8] del restaurante se libra precisamente en el momento de captar al cliente, donde juegan su partida las plataformas de reserva tipo El Tenedor

(TheFork tras ser adquirida por Trip Advisor en 2014) con los tentáculos de los gigantes digitales que buscan captar el interesante mercado de las búsquedas y las reservas incorporando opciones directas desde las aplicaciones de mapas o las redes sociales. A la pionera TheFork y su modelo de *marketplace* de restaurantes, le han seguido alternativas que intentan dar una vuelta a la cuestión, que ofrecen otro tipo de utilidades o servicios:

- Un canal directo al consumidor (CoverManager).
- Funcionalidades diferentes como el acceso prioritario a locales de alta demanda y que evitan los temidos *no shows,* es decir, la no asistencia de las personas que han realizado una reserva y que puede llegar a crear pérdidas de hasta 200 000 € en un restaurante gastronómico medio (Maybein)[9].
- Un modelo de negocio orientado al B2B que replica las prácticas habituales para las reservas de empresa en el sector hotelero (UpperEat).

En este tiempo hemos visto cómo la carta se empezaba a consultar mediante los códigos QR como alternativa a las manoseadas cartas físicas. Y, aunque todavía en muchas ocasiones no dejan de ser un mero cambio de soporte, ofrecen muchas más posibilidades, como un medio para agilizar el pago, especialmente tras el apoyo de PayPal y Apple. Hasta 15 min de promedio ahorra un comensal pagando con estos sistemas. Mirándolo de otra forma, 15 min que mejora la rotación de un restaurante... Un ejemplo de ello es Sunday, *startup* francesa que puso su solución en el mercado en 2021 y que en apenas unos meses se había expandido por mil quinientos restaurantes donde más de 1.1 millones de clientes de todo el mundo, incluida España, la han usado para pagar sin pedir la cuenta. Otras compañías, como KFC, están experimentando con el pago mediante reconocimiento facial para hacer este paso todavía más fluido y seguro.

Si pensamos en términos de auténtica transformación digital, son más innovadoras y tienen más impacto real en el negocio soluciones que van más allá y permiten el autopedido y el pago desde el móvil, sea antes de llegar al restaurante *(pre-order)* o desde la mesa, sin necesidad de intervención del camarero. Reducen las interacciones con el personal (algo que en tiempos de pandemia se ha valorado mucho) y, gracias a ello, agilizan los tiempos y aumentan la rotación, la eficiencia y la productividad del local. Además, mejoran la experiencia de usuario durante la comida y uno de los momentos de mayor fricción, pedir y pagar la cuenta[10]. Y, no menos importante, abren un canal directo de comunicación con el cliente que, bien utilizado, puede servir de base para una estrategia de fidelización.

Como estamos viendo, tanto en el supermercado como en el restaurante, facilitar la vida del cliente con herramientas tecnológicas no solo es una cuestión de experiencia de usuario o de eliminar la fricción, sino la puerta para relacionarse con él, conocerle y obtener la información que luego puede ser clave para el negocio... siempre que sea capaz de discriminarla y de tratarla adecuadamente. Por ello es fundamental la integración hacia las capas internas de gestión del restaurante (entre los sistemas de *front* y *back office)*, precisamente para convertir los datos procedentes del comportamiento de los usuarios en información útil para el negocio, previsión de la demanda, captación de tendencias, comunicación directa con el cliente, etc.

CHEERFY
Reinventarse con el cliente

Cheerfy nació como un gestor de las relaciones con el cliente (CRM) y como una plataforma de fidelización con la ambición de llevar la personalización del mundo digital al mundo físico. Mediante sensores de presencia, tarjetas de fidelización, cupones, etc., la solución reúne toda la información útil del cliente de un restaurante para facilitar la interacción mediante sistemas de marketing automatizado, personalizado y contextual. Pero llegó la pandemia y los restaurantes echaron el cierre... ¿Cómo sobrevivir cuando de un día para otro desaparecen los espacios *offline* en los que se basa toda tu propuesta de valor? Al igual que los propios restaurantes, no queda otra que volver los ojos al canal *online*. Así comenzó una historia más que de pivotaje, de reinvención, de agilidad y de resiliencia.

El primer paso fue incorporar a la plataforma de Cheerfy capacidades para que los restaurantes pudieran desarrollar su propio canal de *delivery*. Aunque la primera opción eran los operadores existentes, algunas marcas preferían compatibilizarlos o incluso apostar exclusivamente por el propio, y no solo por costes, sino por mantener el contacto directo con el cliente y aprovechar las funcionalidades de fidelización integradas que ofrecía esta plataforma. En un paso más en este camino, Cheerfy incorporó a su plataforma la posibilidad de desarrollar *marketplaces* de restaurantes multimarca independientes de los grandes operadores. La *startup* también aprovechó este impás para desarrollar una funcionalidad de pedido y pago autónomo desde la sala que, con la vuelta a la actividad, permitiera reducir las interacciones personales y los momentos de fricción y agilizar los tiempos de servicio.

———

3. Hasta la cocina y más allá

Digitalizar la trastienda con soluciones como la gestión de inventario o de personal quizás suene menos glamuroso que las aplicaciones B2C, pero tiene una influencia indudable en la rentabilidad del negocio, teniendo en cuenta que se busca optimizar dos áreas que representan cada una un tercio de los costes totales del negocio. En campo de la gestión de stock se han producido operaciones interesantes, como la ronda de la alemana Choco (102.5 millones en abril de 2022), que la convierten en un nuevo unicornio *foodtech* europeo. O la compra de la valenciana Beesniss por parte de la francesa Tiller Systems. Dos compañías son la referencia en nuestro país en estos campos:

- **Mapal Software.** Fundada en 2008 por Jorge Lurueña, es una empresa tecnológica especializada en gestión de personal. Su historia comienza treinta años atrás en el seno de la familia Lurueña, fundadora de la segunda franquicia más grande de Burger King en España. De esa experiencia en la operativa hostelera, Mapal ha desarrollado un *software* de gestión que, además de módulos de inventario, procesos o analíticas de negocio, incluye Workforce, un sistema que, a partir de un algoritmo de IA, puede predecir las necesidades exactas de personal de un local en cada momento y generar un impacto contable real en la cuenta de resultados. Así lo entendió el fondo Providence Strategic Growth al invertir en la compañía en 2019.

- **Gstock.** En esta compañía tecnológica española fundada en 2013, Federico Fritzsch, hostelero y consultor de restaurantes especializado en digitalización del *back office,* trasladó lo aprendido en su experiencia directa en operativa al *software* de Gstock, pionero en el sector y dedicado a la gestión desde la nube del almacén, las compras, las mermas y los inventarios para restaurantes y hoteles. Una gestión milimétrica de la materia prima y de los suministros puede ser la diferencia entre un restaurante rentable y un negocio con pérdidas.

La gestión de procesos internos (incluidos los de seguridad calidad alimentaria o APPCC) y las soluciones de analítica de negocio *(business intelligence)* como herramienta para armar ese Gran Hermano del restaurante que lo vigile, mida y accione todo al milímetro y en tiempo real son dos de las categorías en crecimiento que deben seguirse de cerca.

Pero sin duda la subcategoría protagonista del *back office* en el último año ha sido la robótica y automatización. Desde que conocimos a Flippy, el robot de la cadena de restaurantes de comida rápida White Castle, capaz de dar la vuelta a las hamburguesas en la plancha cocinándolas en su punto gracias a un *software* de IA, hemos visto nacer otros robots humanoides que sirven cafés y cañas, máquinas que lavan, cortan y preparan una ensalada o un ramen al gusto en el momento o paelleros inteligentes para hacer paellas perfectas y guardar la receta en cada caso para reproducirla siempre que se quiera con tiempos, cantidades y temperaturas estrictamente controladas. El *chef* español Quique Dacosta, premiado con tres estrellas Michelin, ha experimentado con el sistema de control automatizado de la llama mediante IA (EFC), patentado por la *startup* barcelonesa Mimcook, para sus famosos arroces y paellas. La automatización, unida a la IA, aborda algunos de los retos actuales del sector, la eficiencia y la seguridad en los espacios de trabajo y la dificultad (o el coste) de encontrar (y mantener) a personal especializado. Además, promete otras ventajas, como la consistencia o la reducción del desperdicio alimentario.

La pandemia, el *boom* del *delivery* y las cocinas fantasma *(dark kitchen)* no han hecho más que acelerar el interés por este tipo de soluciones, que convergen con la madurez de las tecnologías implicadas y en las que además de la robótica, la automatización, la IA o la sensorización empiezan a tener un papel importante los *bots* y las tecnologías de voz.

Pero ¿cómo podría ser una cocina robótica del futuro? Más allá del efecto *wow* de los formatos humanoides, la visión de una cocina de restaurante robotizada pasa por integrar todo el flujo de información desde la comanda hacia un sistema que ordene y priorice los pedidos en función de sus tiempos de preparación, ordene a los equipamientos automatizados qué preparar y cuándo y recoja los platos listos y los entregue en el momento óptimo para su servicio en sala. Estamos empezando a verlo en cocinas automatizadas en las que todavía se necesita la intervención humana para mover los alimentos. El siguiente paso consistirá en la entrada de esos robots colaborativos, capaces de trabajar junto a humanos con seguridad, para ir supliendo algunas de estas tareas.

Los formatos de servicio rápido *(quick service)* y las concinas fantasma son los primeros candidatos para abrir la puerta a la robótica en la cocina, aunque los restaurantes más sibaritas no son ajenos a este interés. Sin embargo, estas soluciones requieren fuertes inversiones no siempre al alcance de un sector caracterizado por sus ajustados márgenes, además de ciertos conocimientos, mantenimiento, actualización, etc., así que se trata de un sector propicio para los modelos de suscripción, tipo *Robot-as-a-Service* (RaaS).

Las claves para el despegue de la robótica en el restaurante pasan por avanzar en la madurez e integración de las tecnologías, la identificación del modelo de negocio adecuado en el que la inversión y las fuentes de ingresos estén equilibradas para lograr una propuesta sostenible y la superación de algunas barreras culturales.

CLAVES DE LAS INNOVACIONES EN SUPERMERCADOS Y RESTAURANTES

- Los retos más relevantes en los establecimientos físicos de *retail* y restauración pasan por conocer mejor al cliente, fidelizarlo, desarrollar experiencias sin fricción y anticipar la demanda.
- Las tiendas autónomas son una de las tecnologías con más potencial para transformar completamente la experiencia de compra.
- El *delivery* y la economía bajo demanda han impulsado las categorías *foodtech* relacionadas con la optimización de operaciones, la planificación, las analíticas predictivas y la robotización, tanto en el supermercado como en el restaurante.
- Las microplataformas de logística automatizadas *(microfulfillment)* son una tendencia creciente especialmente impulsada por las brechas de servicio registradas durante el reciente confinamiento.
- Los sistemas de IA para optimizar las estrategias de marketing o las flotas de vehículos autónomos para el *delivery* son foco de interés de las grandes empresas que buscan mediante la compra de *startups* incorporar estas capacidades.
- Durante la pandemia los proveedores de tecnología para restauración vivieron un auténtico *boom* de reinvención para ayudar a un sector en estado crítico, lo que supuso un enorme impulso innovador y una aceleración de la digitalización del sector en tres o cinco años. En los próximos años se espera una consolidación importante de este sector.

10

FOOD DELIVERY, EL ARTE DE LA CONVENIENCIA

«Una nueva especie de jugadores de *e-grocery* está entrando en los centros de las grandes ciudades, redefiniendo la "conveniencia"».

J. P. Morgan, 2021

1. La pionera de la industria *foodtech*

La categoría *food delivery,* que engloba todas las actividades de entrega de alimentos a domicilio desde el restaurante, el supermercado, la marca o directamente el productor, ha sido la punta de lanza de la industria *foodtech*. La aparición de numerosísimos actores en cada país; las llamativas operaciones de consolidación en un modelo de negocio basado en el tamaño, el volumen y el concepto «el ganador se lo queda todo» *(«the winner takes it all»),* y las no menos llamativas caídas dieron amplia visibilidad a una categoría que no ha dejado de crecer, evolucionar y generar ambiciosas expectativas. En este capítulo mostramos los segmentos que componen esta macrocategoría que diluye las fronteras entre el supermercado y el restaurante:

- **E-grocery.** Es el comercio electrónico o canal *online* de alimentación. En su día, el modelo más innovador e imitado fue el de Instacart, representado en España por Lola Market, el *marketplace* de alimentación y productos frescos con servicio de entrega rápida en el mismo día (1-2 h) que hace la compra por el usuario con la ayuda de un *personal shopper* en supermercados, mercados tradicionales y en tiendas especializadas asociadas. Lola Market adquirió en 2017 Comprea, entonces la compañía pionera en este formato y, en 2021, Lola Market fue adquirida por Glovo.

 Consulta el análisis del modelo de negocio de Instacart.

- **Q-commerce.** Es la evolución del *e-grocery* hacia modelos de envío ultrarrápidos que prometen entregas en aproximadamente 10 min. Se trata de la experiencia instantánea del *meal delivery* del restaurante pero aplicada a la compra.
- **Meal kits.** Constituye uno de los modelos más novedosos nacidos de la industria *foodtech*. Aunque se ha definido muy brevemente en capítulos anteriores, vamos a verlo ahora con más detalle. Se trata de un servicio que queda a medio camino entre una compra *online* y el pedido a un restaurante. El proveedor proporciona al cliente una lista de menús que se entregan en un paquete o caja *(meal kit)* junto con las recetas y los ingredientes necesarios en las porciones justas para que se cocine en casa. Su principal ventaja es la comodidad. Evitan tener que planificar y hacer la compra y, además, evitan el desperdicio de alimentos. El cliente puede hacer el pedido de forma puntual, generalmente una vez a la semana, o mediante suscripción, que supone la opción ideal para el proveedor. El concepto nació en Suecia en 2007 y ganó popularidad global con un modelo desarrollado por la *startup* estadounidense Blue Apron, que registró un renovado impulso

con motivo de la pandemia. En Europa la referencia es la alemana Hello Fresh, aunque sus tentáculos se extienden también a EE. UU., donde ocupa casi la mitad del mercado. En 2020 incrementó su actividad un 111 %, con 3750 millones de dólares de facturación. En nuestro país, tras la desaparición de Buy Fresco, siguen buscando su hueco *startups* como Food in the Box (con el exconcursante de MasterChef Fabián León entre sus impulsores) o Let's Cook. Food Stories, con su enfoque basado en la sostenibilidad y la economía circular, finalmente no logró encajar en el mercado

- *Meal delivery* y *catering online.* Es la entrega a domicilio de platos preparados del restaurante o de un obrador, sea bajo demanda o mediante servicios de suscripción tipo Wetaca, Platerío o Miplato.
- *Marketplaces.* Son plataformas que reúnen y centralizan una variedad de oferta de restaurantes y que suman, o no, el servicio de última milla, generalmente basado en principios de la economía bajo demanda *(gig-economy)*. Tras la marcha de Deliveroo, Just Eat, Uber Eats y Glovo son las referencias más conocidas en nuestro país.
- *On-Demand & Last Mile Tech.* El *boom* de la categoría tira también de soluciones especializadas que cubren microsegmentos específicos: desde agregadores de plataformas como la belga Deliverect, que cuando cerró una ronda de 150 millones de dólares en 2022 ya manejaba cien millones de pedidos en Europa, o la española Ordatic, que también trabaja en su internacionalización, hasta tecnologías y soluciones que permiten a los restaurantes desarrollar una alternativa a las plataformas líderes, como Flipdish (el primer unicornio irlandés) o las españolas Cheerfy y Apperstreet. Con la aplicación de la llamada *ley rider,* que obliga a las plataformas digitales a contratar como asalariados a sus repartidores y a ofrecer mayor transparencia sobre sus algoritmos, triunfan especialmente las empresas de logística de última milla, como la *startup* gallega Deelivers o la catalana Stuart.
- *Dark kitchen.* Es una subcategoría de moda en sus diferentes acepciones (*ghost kitchen, cloud kitchen,* etc.). Se trata de restaurantes o cocinas no abiertas al público que preparan y sirven los alimentos exclusivamente a domicilio o para llevar *(take away).*

Más adelante abordaremos este tema con mayor detalle en un capítulo dedicado a esta subcategoría.

- **Sistemas P2P y** *crowd commerce.* Los sistemas entre pares o iguales (P2P) ponen en contacto a cocineros semiprofesionales o a particulares con otros particulares para que los primeros cocinen para ellos, mientras que en los *crowd commerce* el negocio está en reunir a particulares mediante una plataforma para comprar de forma conjunta partidas o elementos grandes que no podrían adquirirse de forma individual, por ejemplo, una vaca entera o un cerdo.

- **Directo al consumidor (DTC).** Los canales de distribución de los alimentos también sufren o se benefician del proceso de desintermediación que permite la tecnología, lo que da lugar a modelos como el *vending* de nueva generación (como la española Noweat, que instala neveras inteligentes con platos saludables en oficinas) o las marcas nativas digitales (y los intentos de transformación de las marcas tradicionales).

WETACA
De MasterChef a modelo
de *startup foodtech*

«Un mundo en el que la comida no sea un problema, sino el alimento con el que nutrimos a las personas que queremos». Este es el propósito de Wetaca (transcripción fonética de *we take care*), nacida en 2015 de la mano de dos gallegos, Andrés Casal y Efrén Álvarez. Amigos de la universidad y recién licenciados entonces, sufrían las penurias de tantos jóvenes sin presupuesto para comer fuera ni tiempo para cocinar a diario. La fortuna quiso que la afición de **Álvarez** por la cocina le llevara a participar en la primera edición del concurso culinario MasterChef y a una estancia en las cocinas del restaurante barcelonés de tres estrellas Michelin ABaC, que capitanea el chef de fama internacional Jordi Cruz.

Las técnicas de preelaboraciones de la cocina de vanguardia encendieron la chispa de una idea que solucionaría su problema de alimentación y, a la postre, se convertiría en una de las *startups* con mejor trayectoria del ecosistema *foodtech* español. Su modelo de negocio se basa en la elaboración de platos caseros que se entregan a domicilio en *tuppers* individuales. Huyendo del modelo bajo demanda, sus pedidos se realizan de forma semanal por anticipado o mediante un modelo de suscripción asistido por un algoritmo que estudia las preferencias de los clientes y que utilizan el 40 % de ellos.

No comenzaron en un garaje, pero sí en un piso compartido abatiendo (enfriando) los *tuppers* en la bañera. Desde entonces han vendido más de cuarenta y cinco mil unidades y su facturación ha superado los 7 millones de euros, todo ello con tres rondas de inversión por un total de 2.5 millones de euros. Es el resultado de un propósito poderoso, una obsesión por la ejecución y la monitorización de los famosos indicadores económicos de rentabilidad *(unit economics)* de dos economistas amantes de la cocina.

—

2. Los servicios de ultraconveniencia (*Q-commerce*)

En mayo de 2020 Kağan Sümer, ingeniero y fundador de *startups* como Kuru o Rocket Internet, creó en Berlín Gorillas, una empresa emergente cuyo objetivo era transformar la forma en la que las personas hacen la compra. En menos de un año se convirtió en el unicornio más rápido de Europa y en apenas 18 meses acumuló rondas que superan los 1150 millones de euros de inversión.

Por esas mismas fechas, en Barcelona, nació Blok. Apenas seis meses después de su lanzamiento, Getir, prominente compañía tecnológica turca, compró la *startup* como estrategia para el acceso veloz a los mercados español, italiano y portugués, acelerada por una inyección de 500 millones de dólares de capital. Desde EE. UU. Gopuff, valorada en 8900 millones de dólares, hizo lo propio para dar el salto al mercado europeo. En dos bocados se zampó las británicas Fancy y Dija, y en una rauda operación entró en Reino Unido, Francia y España. Pero no han sido las únicas: Flink vio la luz en Berlín en 2020 y en apenas seis meses cerró dos rondas de 52 y 240 millones de dólares, mientras que la checa Rohlik se hizo con una serie C de 100 millones de dólares y la estonia Bolt con 600 millones de euros; por supuesto, la pionera local en la categoría, Glovo, también entró en la fórmula de los *dark stores* y alcanzó el estatus de unicornio patrio gracias a su megarronda de 450 millones de euros en 2021[1].

Definitivamente, en 2021 explotó la fiebre de la ultravelocidad, la ultraconveniencia, el *Q-commerce* o el *ultra-fast delivery* (de todas estas formas se ha denominado) y comenzó la versión 3.0 del *boom* del *delivery*. Según J. P. Morgan, este fenómeno está llamado a ser la tercera gran disrupción del comercio de alimentación desde la década de 1980, después de las cadenas de descuento y del cambio hacia la proximidad y el *online*.

> **«El *Q-commerce* está llamado a ser la tercera gran disrupción del comercio de alimentación desde la década de 1980, después de las cadenas de descuento y del cambio hacia la proximidad y el *online*».**

La propuesta de valor del *Q-commerce* se basa en la posibilidad de hacer una compra básica del supermercado, incluido el producto fresco, en 10 min, es decir, pura conveniencia (aunque los proveedores ya están matizando este ambicioso objetivo para dejarlo en un indeterminado «minutos»). Traslada la experiencia del *delivery* inmediato del restaurante al mundo de la compra *online*. Para ello, el modelo de negocio se basa en el despliegue de microalmacenes *(dark stores)* en las ciudades con empleados que preparan el pedido *(picking)* y repartidores *(riders)* capaces de recoger y entregar en ese limitado espacio de tiempo. Los almacenes cuentan con 1500-3000 referencias frente a las 17 000 que suele albergar un supermercado. La política en cuanto a los repartidores de este tipo de plataformas varía, aunque la mayoría parecen optar por empleados propios al considerar que para esa ultrarrapidez se necesita una máquina muy engrasada y optimizada que difícilmente se puede lograr con modelos como el de los repartidores autónomos bajo demanda *(staff on demand)*.

Se trata de un modelo basado en la máxima optimización de la logística de última milla en el que la tecnología y los datos son activos tan estratégicos o más que los almacenes y los repartido-res; en realidad, es la gasolina que los hace funcionar. Para definir y gestionar el limitado inventario de cada almacén, resulta clave un análisis exhaustivo de la actividad de cada zona para conocer y anticipar la demanda. Diversos algoritmos automatizan todo lo posible las operaciones y optimizan las rutas de entrega. El *picking* se debe realizar en unos 2 min, de forma que queden unos 8 min para la entrega.

3. Retos e incógnitas del servicio de ultraconveniencia

Todo es rápido, urgente, acelerado, raudo y veloz en el segmento del *Q-commerce,* desde los tiempos de entrega hasta las rondas de in-versión y los ritmos de crecimiento y expansión en los mercados. El baile de adquisiciones ya ha comenzado y promete ser entretenido. Entretanto se irán despejando algunas incógnitas, principalmente relacionadas con la rentabilidad del modelo y con la toma de posicio-nes ganadoras. Estas son algunas:

* ¿Hasta qué punto penetrará la ultraconveniencia en los consumi-dores? ¿Superará el efecto COVID-19?
* ¿Llegará a convertirse la ultraconveniencia o *Q-commerce* en el nuevo estándar del comercio electrónico de alimentación? ¿Quizás lo sea solo a partir de los *millennials,* la generación Z y las siguientes generaciones? ¿Estamos ante la generación de la conveniencia?
* ¿Hay hueco en el mercado para tantas compañías? ¿Cuándo comenzará el baile?
* ¿Es un modelo de negocio rentable y sostenible teniendo en cuenta los estrechos márgenes del sector, las tarifas aplicadas hasta la fecha, el esfuerzo de captación a base de promociones y el marco regulatorio de nuestro país?
* De momento quema recursos para apoyar sus estrategias de rápi-do crecimiento, pero ¿qué cuota de mercado, nivel de penetración,

capilaridad, recurrencia y *ticket* medio debe alcanzar para lograr esa rentabilidad?

- Tras rondas de cientos de millones de euros, ¿cuánta munición adicional en forma de inversión necesitará para lograr este objetivo? ¿Hasta dónde están dispuestos a llegar los inversores en esta nueva fiebre del *delivery*? ¿Por qué?
- ¿Habrá plantillas de preparadores y repartidores de pedidos propias o bajo demanda? Considerando que ambos formatos conviven, ¿cuál es el más adecuado para un modelo basado en la ultrarrapidez? ¿Será capaz de diseñar un modelo eficiente, flexible, ajustado a la ley y justo para todas las partes? ¿Qué papel tendrán los *partners* de logística de última milla como la española Deelivers?
- ¿Cómo se desarrollarán los algoritmos destinados a gestionar y optimizar las operaciones? ¿Será la logística la clave para puntuar en esta carrera o lo serán el manejo del dato y la interpretación de los cuadros de mandos, la capacidad de leer las tendencias y de anticipar el comportamiento de los usuarios? ¿Tiene alguno de los operadores una ventaja competitiva realmente diferencial en este aspecto?
- ¿Cuál será el efecto en los *retailers* tradicionales que todavía están digiriendo el trago de la reciente crisis sanitaria en sus sistemas de comercio electrónico?
- ¿Cuál puede ser el impacto o la infuencia en el mercado de *real estate* de las ciudades? ¿Y en los planes urbanísticos y de modelo de ciudad de los ayuntamientos?
- ¿Supondrá una oportunidad para otro tipo de productos y/o proveedores (locales, de cercanía, artesanos o innovadores) que tienen un acceso más complicado a los lineales de las grandes cadenas o se quedará en un dechado de buenas intenciones?
- ¿Es más competencia del supermercado o del restaurante? ¿Y si sus lineales se pueblan de ofertas preparadas, como es cada vez más patente en los supermercados físicos?
- ¿Podrán los operadores ayudar a los proveedores gracias a la cantidad de datos acumulados? ¿Cómo?
- ¿Cuándo llegarán los modelos de suscripción *premium*?

- En un modelo de negocio ya conocido, ¿pueden incorporar otras fuentes de ingresos adicionales por servicios de marketing o posicionamiento o incluso medios de pago que apuntalen la rentabilidad?
- ¿Cómo pueden aprovechar las marcas de alimentación este nuevo canal para sus estrategias DTC?

BLOK GETIR
El colmado del futuro

En febrero de 2021, tras pasar por empresas como Deliveroo y Mobike o Glovo y UberEats, Hunab Moreno y Vishal Verma fundaron la *startup* Blok en Barcelona con una visión clara: revolucionar el sector del comercio rápido *(Q-commerce),* y un propósito: crear «el colmado del futuro». Con experiencia acumulada en micromovilidad, visualizaron una tienda de barrio futurista que debía contar con todos los productos de la compra más habitual, a ser posible con productos locales y frescos, y con unos «tenderos» comprometidos. Dicha tienda también tenía que adaptarse a los tiempos acelerados que vivimos y a los usos y costumbres de la generación actual: conveniencia, compra *online,* en un clic, entrega a domicilio y, en este caso, ultrarrápida, en 10 minutos[2]. Además, debía alejarse de las condiciones que había ofrecido hasta el momento el segmento *delivery* e implicar a la comunidad local a través de productos de proximidad.

Apenas cinco meses después y con siete almacenes operativos, el gigante turco Getir llegó y compró su sueño y, con él, la entrada en el mercado del sur de Europa junto con la posibilidad de jugar en la liga de los unicornios al juego de «el ganador se lo queda todo». De hecho, en 2021 Getir ya logró financiación por encima de los mil millones, tenía una valoración de 8000 millones de dólares y desató la fiebre por las entregas ultrarrápidas en España.

CLAVES DEL *DELIVERY* Y LA ULTRACONVENIENCIA *(Q-COMMERCE)*

- La ultraconveniencia es la última evolución disruptiva en el negocio de la comercialización de alimentos que está atrayendo ingentes volúmenes de inversión y aupando a los unicornios más precoces de la historia del *delivery*.
- La clave de este nuevo modelo es ofrecer al consumidor la posibilidad de hacer la compra de productos habituales (incluido el fresco) y recibirla en minutos.
- La tecnología y los datos son la clave para gestionar un sistema completo de *e-commerce* y logística en tiempos tan ajustados.

11

DARK KITCHENS, EL *COWORKING* PARA RESTAURANTES

«Esto va de reducir las barreras de entrada a las empresas,
de permitirte pagar por la cantidad de espacio que necesitas
y cometer errores sin perder demasiado».

Eccie Newton,
cofundador de Karma Kitchen

1. ¿Qué son las *dark kitchens*?

Con el auge de la comida a domicilio, y después del asentamiento
de las plataformas de entrega, las *dark kitchens* han irrumpido en
la categoría de *delivery* con perspectivas de mercado prometedoras[1].
En este fenómeno caben distintos modelos de negocio para los que
la tecnología y los datos son activos fundamentales.

    Dark kitchen es un concepto que responde a una doble realidad:
por un lado, la física, la que nos viene primero a la mente, que se
refiere a ese espacio dedicado fundamentalmente a cocinar para la
entrega a domicilio; por otro lado, una nueva realidad que expande

las fronteras del «negocio de no cocinar» y alberga varios modelos, que van desde el gastronómico hasta el puramente inmobiliario.

Aunque existen diversas formas de denominar a las *dark kitchens* (cocinas fantasma *[gosht kitchen]*, *virtual kitchen, cloud kitchen*, etc.), los matices son mínimos y todas responden al mismo concepto: una instalación profesional diseñada y optimizada para la comida a domicilio. Puede ser para un único restaurante u operador o compartida, a modo de *coworking*, para alojar múltiples restaurantes o marcas. También puede ser propia o creada y gestionada por empresas especializadas que la ofrecen en alquiler.

Este *boom* ha dado lugar a algunos conceptos y modelos de negocio interesantes, como la aparición de las citadas empresas especializadas en el diseño, la construcción, la operación y la gestión de las *dark kitchens* en modo «cocina como servicio» *(Kitchen-as-a-Service);* las cocinas de marca blanca; las marcas virtuales *(virtual brands)*, o los restaurantes especializados en *delivery* (RED).

Aunque los obradores de comida preparada han existido siempre —pensemos en esas pequeñas tiendas que hay en cada barrio—, ha sido la explosión de las plataformas tecnológicas la que ha habilitado una nueva era en este negocio.

Algunos restaurantes comenzaron a utilizar este tipo de locales como complemento a sus instalaciones para poder responder a un incremento en la demanda de *delivery* que no siempre podían ofrecer en óptimas condiciones desde la cocina propia o para evitar que este nuevo canal influyera negativamente en la calidad del servicio del restaurante. Pronto se dieron cuenta de que podían servir de plataforma para crear y probar a bajo coste nuevas líneas de negocio o marcas complementarias. Son las denominadas *marcas virtuales,* que no se corresponden con ningún restaurante físico, sino que nacen exclusivamente para el mundo *delivery*.

La complementariedad puede llegar por atender a segmentos de clientes de diferente valor (como hamburguesas básicas y *premium);* por el tipo de cocina o de concepto (como La Gran Familia Mediterránea del chef con tres estrellas Michelin Dani García, que cuenta con un porfolio de diez marcas virtuales que incluye de hamburguesas a sushi, pasando por especialidades de la cocina tradicional española), o incluso por la temporada (como servir pokes o ensaladas en verano y ramen, la nutritiva sopa japonesa tan de moda, en invierno).

2. Del negocio inmobiliario al *Kitchen-as-a-Service*

El modelo más innovador y que más ha captado la atención es el de *dark kitchen* como negocio inmobiliario, que une el concepto de *coworking* y el modelo de negocio tipo plataforma de un Airbnb[2]. Así, una *dark kitchen* se compone de cocinas privadas, junto con espacios y servicios centralizados como almacén, zona de entrega, limpieza o *stacking* (algoritmo para la entrega de bolsas y la asignación de rutas a los repartidores).

Y es precisamente en esta capa de servicios adicionales donde las *dark kitchens* inmobiliarias tienen más recorrido, hasta alcanzar paradigma de *Kitchen-as-a-Service,* que incorpora el sistema de reparto, la tecnología de gestión de pedidos, el marketing y, en ocasiones, hasta el personal. Por ejemplo, algunas compañías han creado un canal propio ultralocal mediante aplicación móvil en el que agregan a todos los operadores que tienen alojados. Se encargan, por tanto, de captar y centralizar toda la demanda del barrio en el que operan y de atenderla con sus propios repartidores. De esta forma, se saltan a las grandes plataformas y entran a pelear por el mismo nicho de mercado; eso sí, en este caso con un alcance hiperlocal. Empresas como Cogofood o Stuart con su iniciativa Not So Dark apuestan por este «modelo inmobiliario *plus* o de valor añadido». En España, además de las *dark kitchens* creadas por plataformas como Glovo, contamos con empresas como BOOH!, Cuyna, Cocukin y Cooklane.

3. Similitud con la infraestructura de Internet

El fenómeno de las *dark kitchens* me recuerda mucho a lo ocurrido con la infraestructura de Internet. En su inicio las empresas debían tener en sus propias sedes grandes instalaciones de servidores y personal dedicado a gestionarlos. Al principio de la década de 2000 llegaron los centros de datos *(datacenters),* como los de Telefónica, Colt, NTT y otras compañías, que permitían alojar esos servidores en espacios acondicionados y con cierto nivel de servicio; luego se pasó a contratar directamente espacio en servidores *(hosting),* y de ahí se dio el salto a «la nube», donde empresas como Amazon (Web

**«Los grandes amigos de las *dark kitchens*
son la tecnología y los datos».**

Services), Google (Cloud) o Microsoft (Azure) llevan toda la infraestructura que da vida a Internet. Además, las compañías que vendían *software* en discos y con licencias pasaron a hacerlo en modo SaaS. Hoy quien quiere montar una simple web, un medio de comunicación o una plataforma de comercio electrónico prácticamente puede olvidarse de todo lo relacionado con la infraestructura, el *hardware* y la conectividad y centrarse en su negocio. Si cambiamos *centro de datos* por *cocinas, servidores* por *hornos y fogones* y la *red de datos* por una *red de riders,* el paralelismo es casi exacto. De ahí la denominación de *cloud kitchen* y que algunos grandes operadores afirmen que quieren convertirse en el Amazon del *delivery*.

Las ventajas de estos modelos de negocio son varias. La primera es que evitan hacer fuertes inversiones iniciales, y la flexibilidad del pago por uso posibilita escalar conforme evolucione el negocio, incluso fijar horarios de servicio de forma flexible, o variar las marcas por temporadas. Gracias a ello se facilitan la experimentación y la innovación. Además, estas empresas están optimizadas para el *delivery,* lo que permite que los procesos y las operaciones resulten más eficientes.

4. Tecnología y datos en las *dark kitchens*: cuestión de optimización y flexibilidad

Los grandes amigos de las *dark kitchens* son la tecnología y los datos, aliados que maximizan la optimización de las operaciones y afinan al máximo la inteligencia de negocio y el conocimiento del consumidor, del mercado, de las tendencias y de las oportunidades. Vamos por partes.

Por un lado, tenemos la tecnología relacionada con la digitalización y la optimización de las operaciones de *back office* propia de un restaurante, que en un negocio ultraoptimizado y nacido para ser flexible y pegado a la realidad inmediata es absolutamente fundamental. Esto incluye gestión de *stock,* compras inteligentes, personal, ingeniería de menús, etc. Pero para que todos estos sistemas cumplan realmente su función de optimización, necesitan ojos al exterior; precisan todos los datos posibles relativos a las ventas y los pedidos. El problema es que, cuando un restaurante depende de los canales de terceros para su comercialización, tiene un acceso limitado y fragmentado a esta información clave.

La forma de resolverlo consiste en crear un canal propio o a través de los llamados *agregadores,* que reciben y gestionan de forma unificada todas las ventas. Encontramos ahí empresas como Flipdish, Cheerfy, Kitch, Otter, Last.app, Deliverect, Ordatic o ApperSt, que no solo agilizan la gestión y los procesos, sino que pueden proporcionar al restaurante, de forma agregada y sistematizada, todos los datos de ventas, los pedidos, el *ticket* medio, de qué marca, qué productos, horas, zonas, etc. Con ello ya es posible generar unas analíticas, una inteligencia de negocio con la que plantear estrategias de precios, de menús o de marketing, identificar necesidades no cubiertas, detectar cuándo un mercado está saturado o ver la efectividad de las promociones, todo ello basándose en el comportamiento del consumidor que se deduce de esos datos. El reto consiste en ese último extremo del dato, el que permite poner cara y ojos a los clientes, que siempre queda en manos del operador que realiza la transacción. Ante ello, las opciones son el canal propio o complementar la experiencia con soluciones de fidelización.

En cualquier caso, la disponibilidad de ese *big data* en un negocio nacido para ser ultraflexible y optimizado constituye el punto de partida para poder decidir qué vender, cuándo y dónde. Las reseñas, los tiempos de producción y entrega, las críticas y las opiniones de los clientes, la disposición a pagar un determinado precio, etc., influyen como nunca en la producción de una cocina.

«El *big data* en un negocio nacido para ser ultraflexible y optimizado es el punto de partida para decidir qué vender, cuándo y dónde».

5. Robótica y automatización en las *dark kitchens*

El otro aspecto tecnológico importante en el mundo de las *dark kitchens* es la robótica y la automatización. Una vez más, pensemos que se trata de negocios orientados a la ultraeficiencia y a la rentabilidad. Actualmente los robots pueden realizar muchas tareas, como regenerar alimentos[3] o, mediante brazos robotizados, trasladar un plato casi terminado (quinta gama) que se encuentra refrigerado o congelado a un horno y situarlo una vez listo en una casilla de recogida para su retirada por parte de un *rider*. Asimismo, los robots pueden encargarse de tareas mecánicas repetitivas que suelen generar cuellos de botella, como estirar una masa de *pizza* o repartir los ingredientes. También hemos visto en acción el robot de la estadounidense Creator, que cocina y sirve hamburguesas de forma autónoma en menos de 4 minutos.

«Las *dark kitchens* son negocios orientados a la ultraeficiencia y la rentabilidad».

El siguiente paso en el que ya se está trabajando es el de sistemas robóticos que sí cocinan, es decir, que la máquina ya está dotada de la inteligencia suficiente para desarrollar el proceso de cocinado. En este camino encontramos *startups* como la alemana Aitime o la estadounidense Chef Robotics.

En España está la empresa Macco Robotics, especializada en la fabricación de robots para preparar y servir alimentos y bebidas de forma segura —muy conocida por sus robots camareros, que tiran cañas perfectas—, que trabaja en una solución específica para el mercado de las *dark kitchen*.

Otro ejemplo es la *startup* israelí especializada en *plant-based,* SavorEat, que está comercializando un robot que prepara hamburguesas personalizadas según los gustos que los clientes eligen a través de una aplicación.

6. Retos y futuro de las *dark kitchens*

Ciertamente es un mercado en expansión y las previsiones de negocio son amplias, y por eso mismo la competencia resulta feroz. La inversión clave se traslada de un local y una ubicación destacados a un esfuerzo de captación del cliente muy significativo, en ocasiones dependiendo casi exclusivamente de las plataformas ya asentadas. También la proliferación de este tipo de instalaciones en los centros de las ciudades ha generado algunas protestas vecinales que han hecho saltar la alarma de los ayuntamientos; algunos han paralizado los permisos y otros están estudiando medidas para regular su funcionamiento y controlar su impacto en el entorno urbano y en la convivencia ciudadana.

La robotización y automatización profundizarán su presencia en las *dark kitchens* con sistemas de robótica colaborativa (robot + humano) cada vez más inteligentes y autónomos. Los desafíos de estos sistemas son su coste y la rápida evolución, por lo que el modelo tenderá hacia el formato *Robot-as-a-Service*.

Se habla mucho de la incorporación de drones y vehículos autónomos para la logística de última milla. La compañía alemana Goggo Network ha desarrollado un *food truck* autónomo (el primero de Europa) para entornos urbanos llamado Goggo Cart, que se puso a prueba en algunas zonas de la localidad madrileña de Las Rozas y que estudia dar servicio en zonas de la capital. Y hemos visto también cómo pequeños vehículos de reparto circulan en campus universitarios o parques empresariales. La visión de los drones dejando la *pizza* directamente en nuestra terraza todavía es lejana y requiere una regulación y una organización más complejas. Quizás resulte más viable una opción mixta en la que un dron realice la conexión de mayor distancia entre *hubs* y un pequeño vehículo rodante se encargue de los últimos metros hasta la puerta del usuario.

Los modelos híbridos, como el *mercaurante* (mercado + restaurante), que fusiona el restaurante y el *retail,* se están trasladando también al negocio del *delivery*. El modelo *dark* puede incluir tanto cocinas como almacenes y por tanto servir la comida preparada junto a la cesta de la compra básica. La ultraconveniencia se está apoderando de un importante segmento de mercado arañándolo tanto al restaurante tradicional como al supermercado.

«La nueva góndola *premium* está en las aplicaciones de los operadores de ultraconveniencia».

Ante ello marcas y productores estudian cómo hacerse un hueco en este nuevo canal que está conectado con el consumidor de una forma tan directa e inmediata. La nueva góndola *premium*[4] está en las aplicaciones de los operadores de ultraconveniencia, en las que las marcas se apoyan como paso complementario de sus estrategias DTC.

Tras un proceso de expansión y consolidación, el número de operadores se estabilizará y convivirán —y colaborarán— los diferentes modelos. La compra de Lola Market por parte de Glovo en septiembre de 2021 y su integración en la aplicación de Cabify o de AliExpress son muestra de ello. Tras esta operación, la empresa fundada por Óscar Pierre incorpora la oferta de restaurantes y de marcas virtuales operadas desde las *dark kitchens,* la cesta de la compra básica desde sus *dark stores* o la compra mediante *personal shopper* realizada en supermercados y mercados tradicionales de varias ciudades españolas y de Portugal.

Como cualquier industria emergente, se precisarán ciertos niveles de regulación para ordenar un funcionamiento que equilibre la necesidad de innovar y desarrollar nuevos negocios con la convivencia y el bienestar de todas las partes. Habrá que estudiar el impacto del fenómeno *dark* y de la ultraconveniencia en la vida de los barrios, en la circulación, en las relaciones laborales, en el medioambiente[5], etc.

«Se precisará equilibrar la necesidad de innovación y creación de nuevos negocios con la convivencia y el bienestar de todas las partes».

En una posición más futurista, ¿podría ocurrir como con los ingenieros que actualmente gestionan las infraestructuras de Internet, que ya ni siquiera tocan las máquinas (servidores), sino que acceden a ellas y las gestionan mediante código? ¿Podemos imaginarnos una forma de ordenar comida similar? ¿Sería la evolución hacia el modo *Recipe-as-a-Code*? ¿Qué habrá al otro lado del código?, ¿será una impresora 3D de tamaño industrial?, ¿estará en una *dark kitchen* y nos llegará la comida en un dron?, ¿o será una impresora 3D doméstica y la tendremos en casa?, ¿formará parte de las instalaciones comunes de un residencial comunitario *(coliving)* en el que nos hayamos instalado?

Los metaversos[6], que se habrán democratizado gracias al empeño de Mark Zuckerberg pero sobre todo debido a unos sistemas de realidad virtual y aumentada integrados, ligeros y de bajo coste, permitirán experiencias gastronómicas inmersivas, como disfrutar en casa de la cocina de cualquier restaurante del mundo con estrella Michelin. Un pequeño vehículo nos traerá el exquisito plato de un chef de Japón, Singapur o Nueva Zelanda recién preparado en una *dark kitchen premium* especializada y preparada para reproducir este tipo de platos bajo licencia previamente negociada con sus autores, que han encontrado en el *Recipe-as-a-Code* una nueva vía de ingresos con la que soportar sus exigentes negocios creativos.

7. *Dark kitchens* y exponencialidad

Si nos fijamos, el modelo de negocio de *delivery,* sean las plataformas, los conceptos de *dark kitchen,* las marcas virtuales o el *Kitchen-as-a-Service,* incorpora bastantes de los atributos de exponencialidad que comentábamos en el capítulo inicial.

Activos esenciales como las propias instalaciones o la plantilla se externalizan para disponer de la infraestructura y del talento más adecuado de forma flexible; los algoritmos para resolver problemas como la optimización de rutas o la automatización de tareas tienen un papel clave para afinar las operaciones, y los datos son la nueva materia prima del negocio de restauración que gestionan en tiempo real a través de cuadros de mandos. Por supuesto, las aplicaciones suponen el vehículo fundamental para conectar todos los segmentos del mercado, y a ellas se suman otras formas de comunicación o *interfaces,* como los chatbots o los comandos de voz. Y, como vemos, la experimentación también tiene un papel importante en un negocio completamente nuevo y en un mercado en el que las tendencias varían cada vez más rápido. Es tan importante como los sistemas de reputación, que generan la confianza necesaria para que el consumidor pueda elegir entre una oferta inflacionada de la que no tiene referencias físicas.

CLAVES DE LAS *DARK KITCHENS*

- Las *dark kitchens* son cocinas profesionales optimizadas para ofrecer servicios de comida a domicilio desde un único punto central.
- El *dark Kitchen-as-a-Service* es un negocio inmobiliario similar al de los espacios de oficinas *(coworkings)* que ofrece desde alquiler de cocinas privadas hasta servicios de valor añadido, como el reparto, la tecnología de gestión de pedidos, el marketing y, en ocasiones, hasta el personal.
- Sus ventajas son las asociadas a cualquier modelo basado en el servicio: pago por uso, menores barreras de entrada, poder realizar pruebas sin grandes inversiones, etc.
- Las *dark kitchens* no están exentas de retos, como su impacto en el entorno, su regulación administrativa o la pérdida de contacto físico con el cliente.
- La tecnología y los datos son los motores de esta nueva realidad donde la precisión y la optimización son clave para permitir el escalado de los negocios.
- El modelo de negocio de *dark Kitchen-as-a-Service* cumple muchos de los requisitos de las organizaciones exponenciales, lo que permite que su crecimiento potencial sobre el papel resulte muy superior al de los modelos de restauración tradicionales.

12
NUTRICIÓN PERSONALIZADA

«La cantidad de información y consejo que se puede dar hoy es todavía muy incipiente y solo un asomo de lo que queremos conseguir en el futuro con esta nutrición de precisión».

José María Ordovás,
director del Laboratorio de Nutrición y Genómica en The Jean Mayer USDA-Human Nutrition Research Center on Aging en la Universidad de Tufts, Boston.

1. Qué es la nutrición personalizada

Hoy en día nos parece natural que cuando entramos en una plataforma de contenidos para elegir una película, un pódcast o la música que nos acompañará en un viaje nos ofrezca títulos que «el sistema cree que nos gustarán». De hecho, el motor de personalización de Netflix es una de las claves de su éxito y le supone unos ingresos milmillonarios cada año. Además, sin él los usuarios seríamos sepultados por una montaña de opciones que nos impediría disfrutar de la experiencia[1]. Pero el ocio o el entretenimiento no representan el único sector en el que la personalización resulta un factor fundamental.

Tampoco nos sorprende poder diseñar unas zapatillas de deporte a nuestro gusto o que nos envíen un *pack* de ropa seleccionada según nuestras preferencias; de hecho, el 31 % de las marcas afirman estar desarrollando planes de moda personalizada en un plazo de cinco años[2] y en cosmética ya hay tiendas que, después de un análisis, preparan en el momento la crema que nuestra piel necesita.

La comida tampoco escapa de la omnipresente tendencia a la personalización que impregna todo tipo de industrias y nos acerca al concepto de nutrición personalizada, una intersección entre la alimentación, la salud, el bienestar y la tecnología. El principio básico del que parte es que cada individuo es único y la forma de alimentarse no afecta a cada uno por igual.

«La nutrición personalizada se basa en el principio de que la forma de alimentarse no afecta a cada individuo por igual, por lo que hay que establecer estrategias alimentarias individuales».

Los avances en ciencias como la genética y en tecnologías como *big data* o IA han permitido el desarrollo de las denominadas *ciencias ómicas:* genómica, proteómica, metabolómica, transcriptómica, etc. Asimismo, han impulsado nuevas ramas del conocimiento, como la nutrigenética o la nutrigenómica. Gracias a ellas, hoy sabemos que no solo nuestro genoma condiciona los resultados de nuestra alimentación —la respuesta que cada uno tiene a la dieta en función de esa configuración genética—, sino que nuestra forma de comer también puede influir en la expresión de nuestros genes, en cuáles se «despiertan» o en cuáles permanecen «dormidos», y tiene un papel en el inicio o en la evolución de determinadas enfermedades. Esto nos hace realmente únicos.

Gracias a la aplicación de estas ciencias ómicas, también se ha conocido que todos los seres vivos somos simbióticos[3], es decir, que tenemos millones de microorganismos interactuando con nosotros en el intestino y en cualquier superficie de nuestro cuerpo que desempeñan un papel clave en nuestra salud; por ejemplo, en relación con el control de la obesidad o el funcionamiento del sistema inmunitario. Incluso se analiza un eje microbiota-intestino-cerebro bidireccional, que en algunos supuestos se ha empezado a vincular con las enfermedades degenerativas cerebrales.

Estos nuevos conocimientos y disciplinas se combinan para acercarnos al concepto de nutrición personalizada, que se basa en toda esta información del individuo para predecir cómo puede responder a diferentes formas de alimentarse. A partir de ahí, es posible desarrollar consejos, productos o servicios nutricionales específicos que ayuden a las personas a realizar ajustes en su estilo de vida y lograr un cambio dietético duradero para prevenir, gestionar o tratar enfermedades, mejorar el bienestar u optimizar resultados.

Entran en juego tres aspectos fundamentales: el perfil de cada persona (sus genes o su bioma, por ejemplo), el de los alimentos (no solamente su composición química, sino su modo de procesado) y el social (todos los hábitos, el entorno, los establecimientos a los que tiene acceso, las modas, etc.). Una vez más, nos encontramos con unas fuentes que arrojan cantidades ingentes de datos que hay que procesar y con unos aliados en forma de tecnología que nos ayudan a extraer de ellos información útil para tomar decisiones; en este caso, determinar con precisión la alimentación idónea para nosotros.

Sin embargo, se trata de un sistema complejísimo al que apenas nos estamos acercando. Por ejemplo, la obesidad puede estar influida por más de ciento cincuenta genes, a lo que hay que sumar las interacciones con la microbiota.

«En la nutrición personalizada entran en juego el perfil personal, el de los alimentos y el perfil social».

Como insiste el profesor José Manuel Ordovás[1], «la cantidad de información y consejo que se puede dar hoy es todavía muy incipiente y solo un asomo de lo que queremos conseguir en el futuro con esta nutrición de precisión. La buena noticia es que no significa un producto para cada persona. Es posible segmentar a la población en no más de una docena de grupos y poner a cada individuo en el que mejor encaje».

2. Palancas que impulsan la nutrición personalizada

Desde 1990[5] se viene señalando que la alimentación es la última causa de los principales motivos de mortalidad en los países desarrollados. Aunque puede existir una predisposición genética, la manera en la que comemos influye en seis de las causas más importantes: enfermedad cardíaca, isquemia cerebral, cáncer de colon, problemas renales, afectación cardíaca por hipertensión y diabetes *mellitus*. Eso significa millones de muertes en el mundo y muchos más millones de años de vida que las personas perdemos por el mismo motivo[6]. Y no resulta únicamente un drama humano, sino que tiene unas implicaciones indudables en términos de planificación y costes sanitarios, así que no es de extrañar que el avance en este conocimiento y una mayor conciencia estén estimulando el desarrollo de productos y servicios que nos ayuden a manejarlos, y con ellos un mercado cargado de expectativas.

Por otra parte, la conveniencia y la inmediatez son ya algo natural en nuestro entorno, junto con el deseo de diferenciarse y de sentirse empoderado, autosuficiente, de tomar el control de nuestra salud y de nuestros patrones de consumo, una opción que ya estamos disfrutando gracias a las tecnologías que han puesto en nuestra mano un mando a distancia con el que gestionar casi cualquier aspecto de nuestra vida, desde hacer la compra hasta alquilar un coche durante minutos. Esto nos lleva a otra de las palancas, la «servitización» de los productos o tendencia a obtener cualquier cosa en modo «como-servicio» *(as-a-service)*. Estos servicios generalmente se ven incentivados por nuevos actores que aprovechan las posibilidades de esas tecnologías emergentes cada vez más asequibles para aproximarse al mundo de la salud desde ángulos novedosos. Es el caso de Habit o DayTwo, dos *startups* que proponen soluciones de alimentación personalizada basadas en test de ADN o de bioma. Aunque tampoco son ajenas a esta tendencia grandes corporaciones, como Nestlé, cuyo ex-CEO y presidente emérito, Peter Brabeck-Letmathe, explicaba ya en la cumbre sobre innovación nutricional y alimentación personalizada, Newtrition X, en 2018, que «los consumidores tienen deseos y requerimientos individuales. En ese contexto, no puede haber satisfacción en masa, así que tenemos que responder individualmente a cada consumidor; eso nos lleva a la idea de nutrición personalizada».

3. Un proceso en marcha

Estamos ante los albores de esta disciplina, que se irá desarrollando desde los niveles básicos de personalización, a través de productos clusterizados o categorías adaptadas, hasta las necesidades de grupos de población cada vez más específicos, como indicaba Ordovás, y los niveles máximos de personalización que contempla la nutrición de precisión, que quizás solo se indiquen realmente en casos de enfermedad o de riesgos graves, como los de personas con desviaciones muy grandes en indicadores como triglicéridos, glucosa o insulina. Entretanto, es necesario seguir trabajando en elevar la evidencia científica de la eficacia de la nutrición personalizada, pero también respecto al conocimiento y a la caracterización de nuestros alimentos, incluidos compuestos muy minoritarios pero esenciales para definir las características de un alimento. Como explica el profesor: «Actualmente desconocemos el 95-99 % de los componentes que ponemos en nuestra boca».

«Actualmente desconocemos el 95-99 % de los componentes que ponemos en nuestra boca».

A lo largo de esa evolución, la industria alimentaria irá reaccionando y adaptándose en los diferentes segmentos de la cadena: el producto, la producción, la distribución y la relación con el consumidor.

Las tecnologías aplicadas en cada uno de estos puntos, desde la IA, todo tipo de sensores, los escáneres o elementos de reconocimiento y los sistemas de impresión 3D hasta el móvil, los asistentes virtuales o las propias redes sociales, se complementan para responder a este reto de adaptar a cada individuo la forma de alimentarse. También se incluyen las tecnologías que se aplican en los segmentos de producción y logística, que facilitan mayor flexibilidad y optimización de procesos, la fabricación de lotes de producto más pequeños o la distribución más rápida y granular hasta la última milla. Es lo que hemos representado en la siguiente matriz de la nutrición personalizada, en la que podemos ver algunas de las soluciones relacionadas con la personalización o que afectan o habilitan este mercado en una evolución de menor a mayor nivel de personalización en cuatro áreas: el producto, la fabricación, la distribución y el marketing o la relación con el consumidor.

Como comentaba anteriormente, en un nivel inicial de personalización se irá produciendo una clusterización o desarrollo de productos de nicho, con ciertas capacidades funcionales adaptadas a grupos de población o estilos de vida. Esto afectará a los modos de fabricar gracias a la incorporación de formas de producción más flexibles y predictivas que nos acercarán a niveles mayores de personalización habilitados por modelos tipo *Food-as-a-Service* o tecnologías como la impresión 3D. Del mismo modo, la introducción de sistemas inteligentes de *micro-fulfillment* podrá abordar maneras de distribución cada vez más granulares y eficientes. Por no hablar del fuerte impacto en logística, sea de larga distancia o de última milla, que tendrá la introducción de vehículos autónomos.

Gráfico 12.1. Matriz de la nutrición personalizada.

	Producto	Fabricación	Marketing / Relación con el consumidor	Distribución
Personalización (+)	Nutrigenómica 1:1 – Nutrición personalizada Producto personalizado (salud, objetivos)	*Food-as-a-Service* (FaaS) Fábrica 4.0 Producción personalizada en masa 3D a medida	Menú personalizado (ADN) *Branding* personalizado *Meal kits – delivery* personalizado – ADN Compra automatizada	Dron de reparto 1:1 *Vending* móvil *Retail* bajo demanda
	Tribus *Meal kits* *Vending* personalizable Producto adaptado (necesidades más específicas)	Producción flexible Microfábricas (estructura de activos ligera)	Menú personalizable Publicidad ultrasegmentada Listas de compra personalizadas Oferta adaptada Investigación de mercado genético	Camión autónomo
(−)	Tribus Producto de nicho, «mejor para ti» Funcionales según estilo de vida	Más variedad de producto Ultrasegmentación Reducción de lotes Gamas diversificadas	Organización del *retail* por tribus vs. secciones *Apps* de escaneo de alimentos Marketing de nicho (asociado a tendencias y estilos de vida)	Microalmacenes automatizados Plantilla bajo demanda Última milla

Fuente: Elaboración propia.

Las diferentes fases indicadas en la matriz se irán viendo habilitadas por tecnologías y ciencias como: Industria 4.0, visión artificial, vehículos autónomos, drones, aplicaciones, móvil, asistentes de voz, realidad virtual, realidad aumentada, *machine learning, big data,* inteligencia artificial, Internet de las cosas, ADN, *charging roads* o calzadas de recarga, vehículos eléctricos, neuroanálisis, *wereables,* 3D, *smart kitchens,* ciencias ómnicas, fermentación, sensórica, escenarios virtuales, *digital twins,* del laboratorio a la muestra, nutrigenómica, entre otras.

4. Soluciones de personalización

Cabe insistir en que la industria de la nutrición personalizada es incipiente y se puede abordar desde diferentes ángulos, desde los esfuerzos para desentrañar los mecanismos moleculares de nuestro organismo hasta el desarrollo de productos o suplementos alimenticios específicos para cada situación, e incluye también herramientas para ayudar en esa transición hacia nuevos hábitos alimentarios de larga duración (como planes personalizados, *telecoaching,* aplicaciones de seguimiento, etc.) o para medir la composición de los alimentos, incluso en servicios de platos preparados o *meal kits* adaptados a ese nuevo comportamiento alimentario.

Sistemas basados en kits de análisis

Son varias las *startups* que proponen sistemas para ajustar los hábitos alimentarios en función de biomarcadores como el ADN, el bioma y otros parámetros obtenidos mediante análisis. Entre ellas encontramos las siguientes:

- **DayTwo.** Con sede en California, utiliza un test doméstico para analizar el estado del bioma de los individuos y a partir de ahí recomendar una dieta personalizada.
- **Viome.** Comenzó con una solución de personalización basada en un *kit* de análisis del bioma, a la que ha incorporado los análisis de ADN tras la adquisición de Habit en 2019.
- **InsideTracker.** Fundada en 2009 por un grupo de científicos del MIT, Harvard y Tufts, ofrece un servicio basado en diversos

análisis de sangre, ADN, estilo de vida, actividad física, etc., para hacer al usuario de la aplicación un seguimiento de ciertos biomarcadores y proponerle un plan de acción personalizado. Se enfoca hacia el *antiaging* y el rendimiento deportivo, por lo que se integra con distintos *wearables,* como pulseras y *smartwatches,* y aplicaciones de salud.

- **ZOE.** Fundada en 2017 como *spin-off* de la universidad pública de investigación King's College de Londres, invirtió sus primeros años en desarrollar un estudio a gran escala sobre el microbioma que le ha servido de base para desarrollar su algoritmo. Desde septiembre de 2021 comercializa un kit de pruebas doméstico cuyos resultados se contrastan con la información obtenida durante la investigación para ofrecer consejos de nutrición personalizados.
- **DnaNudge.** Esta *startup* británica utiliza kits de ADN cuyos resultados se cargan en una pulsera inteligente. A la hora de hacer la compra, el usuario escanea los productos con este accesorio para comprobar si su elección es adecuada para su perfil genético.

Aplicaciones y plataformas

En este apartado incluimos ejemplos de algunas de las aplicaciones y plataformas de *coaching* nutricional más interesantes:

- **Hologram Sciences.** En esta plataforma basada en datos operan marcas con soluciones de nutrición personalizada para diferentes tipos de necesidades: inmunidad, salud intestinal y salud intelectual. Las soluciones incluyen diagnóstico, suplementos nutricionales y *coaching* digital a través de una plataforma de acceso a nutricionistas. Cuenta con el apoyo de la multinacional holandesa Royal DSM, que ha invertido cien millones de dólares en un proyecto liderado por ejecutivos procedentes de Uber, Fitbit o Facebook.
- **myHealth Watcher.** Es una solución de nutrición nacida en Barcelona que reúne las funcionalidades de las aplicaciones para conocer el valor nutricional de los alimentos, como Yuka, Pinto, Lifesum o MyRealFood, pero con la posibilidad de cruzar esta información con datos médicos del usuario o incluso

de varias personas de la familia. De esta forma, la valoración de los productos se basa en estos perfiles personales y no en recomendaciones generales.

- **IND.** Esta plataforma inteligente de la planificación nutricional para deportistas nació a partir de la experiencia de ocho años del Instituto de Nutrición Deportiva de Valencia, que ha trabajado con referentes de Fórmula 1, MotoGP o fútbol profesional y que precisamente se encuentra en la transición de un modelo de tratamiento en persona a otro altamente escalable gracias a la algoritmia y a la automatización.

- **Alexa.** El asistente virtual controlado por voz creado por Amazon ha incluido dos funcionalidades *(skills[7])*, ¿qué hay de cenar? y ¿qué comemos?, a través de las que recomienda al usuario desde recetas o *meal kits* hasta restaurantes basándose en sus hábitos de compra o en las preferencias y restricciones alimentarias que previamente ha compartido con él: vegetariano, paleo, keto, *kosher,* bajo en sal, sin gluten, sin sal, bajo en carbohidratos, etc.

Personalización mediante 3D

Uno de los aspectos más interesantes de la impresión 3D es la posibilidad de personalizar alimentos o suplementos funcionales. Las siguientes *startups* destacan en este ámbito:

- **Nurished.** Británica, ha desarrollado una tecnología de impresión 3D y una fórmula de encapsulación vegana propias con las que crea unas preciosas y apetecibles —por qué no decirlo— gominolas multicolor de vitaminas personalizadas. Combina siete ingredientes activos con tasas de absorción hasta un 70 % más altas que suplementos aislados estándar, según la compañía.

- **Natural Machines.** Al igual que otras empresas, está desarrollando fórmulas para, gracias a la impresión 3D, dar atractivas formas a los alimentos triturados con los que se alimentan personas con problemas de deglución, generalmente ancianos, y que resulten más palatables (gratos al paladar) y apetecibles.

NURCAPS
Microencapsulación: ¿el secreto de la alimentación funcional?

La microencapsulación es una solución que permite el suministro eficaz y seguro de bioactivos y probióticos por vía oral. En este ámbito destaca Nucaps, una *startup* navarra especializada en desarrollar y fabricar ingredientes funcionales para nutrición y salud con una técnica propia de encapsulación con proteínas que aumenta naturalmente su eficacia hasta treinta veces. Se trata de la primera empresa del mundo que ha logrado la encapsulación de bioactivos y probióticos con proteínas alimentarias.

El producto final puede incorporarse a alimentos o bebidas y resiste incluso temperaturas de cocinado y UHT. Su tecnología permite diseñar alimentos y suplementos enriquecidos con ingredientes alimentarios naturales (DHA, antioxidantes, vitaminas, etc.) con efecto en la salud (sistema inmunitario, metabolismo, prevención de la obesidad y envejecimiento saludable) adaptados a las necesidades de cada colectivo en línea con la actual tendencia hacia la nutrición personalizada (o clusterizada): niños, *seniors,* pacientes de quimioterapia, pacientes hospitalarios, hipertensos, personas con sobrepeso, prediabéticos, etc.

---

5. Mercado e inversión

El segmento de la nutrición personalizada es una industria emergente de rápido crecimiento y grandes expectativas[8] que figura en la lista de los próximos grandes avances *(next big thing)* de prácticamente todos los inversores *foodtech,* aunque a medio y a largo plazo. De momento en ese potencial mercado se incluyen conceptos como suplementos dietéticos y nutracéuticos, alimentos y bebidas funcionales, dietas basadas en ADN u otros marcadores, nutrigenómica deportiva, etc. Pero realmente se trata de un concepto que puede llegar a ser tan amplio y diverso (como hemos visto en la matriz de la nutrición personalizada) que resulta complejo anticipar a estas alturas hasta dónde puede llegar. Se podrían contemplar en un futuro otros usos o modelos de negocio que podrían desarrollar las empresas a partir de las importantes bases de datos obtenidas de los test de diagnóstico y otras pruebas. Por ejemplo, la empresa del campo de diagnóstico genético 23andMe llegó en 2015 a un acuerdo con el gigante farmacéutico Roche para el uso de los datos de su comunidad (entonces de ochocientos mil usuarios) en investigaciones relacionadas con el párkinson que se valoró en 60 millones de dólares. Otras industrias adyacentes también tienen importantes expectativas de crecimiento, como las centradas en los diagnósticos moleculares o en la agricultura de precisión.

Entre los factores que impulsarán esta demanda el primero será la reducción del coste de las tecnologías, que, si bien no lo democratizará completamente, sí permitirá un acceso más amplio a estas soluciones. Por otra parte, con el tiempo se irá avanzando en resultados y evidencias y en la capacidad de ofrecer información detallada e individualizada.

6. Retos y oportunidades

Tecnologías como *big data* nos ayudarán a conocer con mucho más detalle el perfil de las personas, incluido su comportamiento alimentario. Entre todos los millones de personas, podremos identificar patrones semejantes (en grupos de individuos o clústeres suficientemente representativos) para los que la industria podrá formular productos específicos, probablemente asistida por técnicas de IA y apoyándose en sistemas de fabricación 4.0, más ágiles, flexibles y optimizados, que facilitarán la producción de partidas más pequeñas e incluso en el futuro bajo demanda. Las técnicas de impresión 3D podrán tener un papel importante en esta fabricación avanzada e incluso distribuida, que podrá ubicarse en el comercio más cercano o en el hogar, tal y como imaginan en la futurista serie *Upload*[9].

Pero para llegar a esta visión todavía hay que superar algunos retos. Los más importantes son la validación científica —todavía queda muchísimo que estudiar, especialmente en el campo del bioma, que se considera el último y más desconocido de los órganos humanos— que permita superar el escepticismo; y la capacidad de las personas para adherirse a unas recomendaciones que supongan cambios importantes en sus hábitos. Porque —no nos olvidemos— los datos no significan nada si el consumidor no sabe qué hacer con ellos, si no son realmente accionables o si no disparan la palanca que le motive realmente a un cambio de hábitos.

«El bioma se considera el último y más desconocido de los órganos humanos».

Otros desafíos están relacionados con la flexibilidad y la velocidad de crear soluciones y productos adaptados o con la necesidad de ajustar procesos industriales y modelos de negocio. Y también se incluye el reto —y la oportunidad— de crear productos adaptados pero atractivos para el consumidor. Como dice Ordovás, «en medicina, son importantes las 4P: prevención, predicción, personalización y participación. Pero no sirven si no hay una quinta: la del placer. Sin ella, apaga y vámonos».

Como cualquier industria basada en el manejo de datos, la privacidad y gobernanza de estos son elementos clave y hay que asegurar unas buenas prácticas, también ante posibles conflictos de interés cuando es la misma empresa que diagnostica y ofrece recomendaciones la que comercializa productos o soluciones.

Sin embargo, el principal desafío consiste en crear modelos de negocio viables. En este capítulo hemos citado algunos, aunque el principal activo de este mercado son los datos, tanto para identificar estos clústeres de población como para analizar y entender comportamientos. Y puesto que se trata de información altamente sensible, será muy necesaria esa gobernanza. Para evitar suspicacias y usos no deseados, la regulación, sea externa o autoimpuesta de forma responsable, debería caminar de la mano y en paralelo respecto a la propia innovación y no a la zaga, como normalmente ocurre.

El futuro de la nutrición personalizada está todavía por escribirse, pero sobre todo necesitamos cambiar nuestra mentalidad y que nuestros sistemas de salud pasen de curar a prevenir.

CLAVES DE LA NUTRICIÓN PERSONALIZADA

- La nutrición personalizada es una disciplina emergente basada en el principio de que la forma de alimentarse no afecta a los individuos por igual. Une ramas de la ciencia y la tecnología para analizar la influencia de los alimentos en cada individuo y definir dietas adaptadas.

- Los primeros pasos hacia ese paradigma pasan por la identificación de grupos de personas con características similares y el desarrollo de categorías de alimentos adaptados a esos clústeres poblacionales.

- El mercado de nutrición personalizada incluye desde *startups* que ofrecen soluciones de alimentación personalizados basadas en test (generalmente genéticos o de bioma) hasta productos funcionales y nutracéuticos.

- La nutrición personalizada afronta retos como la necesidad de profundizar en la evidencia científica, la gobernanza de los datos sensibles o la agilidad y flexibilidad para crear productos adaptados de forma rentable.

13

SEGURIDAD ALIMENTARIA, TRAZABILIDAD Y TRANSPARENCIA

«La transparencia, una adecuada comunicación de los atributos de autenticidad y la integración de los datos en los sistemas de trazabilidad son cruciales para aumentar la confianza del consumidor y poner en valor las empresas».

Sonia Riesco y Nagore Picaza,
investigadoras de AZTIInnova

1. Alimentar la fiabilidad y la confianza

En mayo de 2011 las autoridades sanitarias de Hamburgo (Alemania) señalaron erróneamente a los pepinos españoles de ser los causantes de un brote de *Escherichia coli,* una bacteria que provocó 53 muertos. Esa acusación causó pérdidas multimillonarias a la industria hortofrutícola española hasta el punto de que los tribunales

«El 74 % de los consumidores estarían dispuestos a cambiar a marcas que les ofrezcan más información sobre el origen de los productos».

terminaron condenando al Gobierno alemán a pagar una fuerte indemnización. Una serie de herramientas digitales y un ejercicio de trazabilidad inversa fueron clave para liberar de culpas a los pepinos y, con ellos, al campo y a las empresas españolas.

Algunos productos, entretanto, se ven afectados cada cierto tiempo por la sombra del fraude, como el aceite de oliva, el jamón ibérico, el buey, el atún rojo[1] u otras especies de pescado. De hecho, la FAO considera la identificación errónea de especies de pescado una preocupación global.

Garantizar que los alimentos que nos llevamos a la boca resultan seguros para nuestra salud y que además son lo que dicen ser y tener información fiable de dónde vienen, cómo se han producido, con qué ingredientes, cómo se han tratado los animales de los que proceden o simplemente quién los ha producido son los objetivos de esta categoría.

Este foco renovado en la transparencia y la trazabilidad lo impulsan factores como la digitalización, la globalización, una forma de consumir más consciente y, *sí, también la* COVID-19, que ha ampliado una brecha de confianza y credibilidad ya existente. Algunos estudios incluso se aventuran a poner cifras a estos dos factores clave de la confianza y la lealtad de los consumidores: el 81 % de los compradores afirman que la transparencia es importante o extremadamente importante para ellos[2]. Incluso el 74 % estarían dispuestos a cambiar a marcas que les ofrezcan más información sobre el origen de los productos[3].

En una cadena como la alimentaria, donde un incidente relacionado con la seguridad puede ser dramático, la trazabilidad y la transparencia son elementos fundamentales, no solo para satisfacer una mayor demanda de información y seguridad que ahuyenten esos recelos hacia la industria, sino por eficiencia, competitividad y diferenciación y para luchar contra el fraude y el desperdicio alimentario. No en vano se trata de uno de los segmentos de mayor crecimiento en inversión *foodtech*.

No es la intención de este libro hacer un análisis en profundidad de estos dos aspectos de la cadena de valor, pero sí mostrar algunas de las innovaciones más interesantes, el impacto que pueden lograr y la oportunidad de negocio que abren.

2. Trazabilidad y transparencia

La trazabilidad alimentaria es la capacidad de seguir el movimiento de un producto a través de la cadena de suministro, tanto hacia atrás como hacia delante. Siendo una constante en los listados de tendencias más destacadas, no deja de ser una disciplina incipiente con mucho camino por recorrer y algunas aristas que pulir.

La primera es la complejidad: si en productos agrícolas o materias primas ya resulta complejo —llegamos hasta la semilla o las prácticas de cultivo, cría o pesca—, imaginemos en el mundo de los productos elaborados, que cuentan con múltiples ingredientes de procedencias muy diversas.

La consultora Deloitte ha acuñado el término *transparencia radical[4],* que se aplica desde el campo hasta el *retail* y que permite, no solamente trazar y certificar los productos creando su historia completa a medida que avanzan en el ciclo de producción, sino vigilar su calidad y frescura a través de un único hilo digital y tomar decisiones, por ejemplo, la fijación dinámica de los precios basados en esta información. Pero para ello la mera digitalización no bastaría; sería vital caminar hacia sistemas más y mejor integrados, con interoperabilidad de los datos en capas estandarizadas que puedan ofrecer esta visibilidad.

«La mera digitalización no bastaría; sería vital caminar hacia sistemas más y mejor integrados, con interoperabilidad de los datos en capas estandarizadas que puedan ofrecer esta visibilidad».

Precisamente otro de los retos está relacionado con los aspectos prácticos para lograr esa trazabilidad. En una cadena de la complejidad descrita no siempre la información está disponible o es fácil de capturar. Además, aunque la digitalización va avanzando, todavía no es completa, no existe ese «gemelo digital» para cada ítem de información, o están almacenados en silos independientes no siempre accesibles. Alcanzar esa fluidez de la información en ambas direcciones, ese hilo digital completo, constituye uno de los grandes desafíos que aborda la industria *foodtech*.

«Lograr un hilo digital completo que represente cada elemento de la cadena de alimentación es uno de los grandes retos que aborda la industria *foodtech*».

El siguiente reto consiste en encontrar la tecnología o el paquete de tecnologías adecuado. Como veíamos en el capítulo dedicado a las tecnologías, *blockchain* ha emergido como la gran promesa en el campo de la trazabilidad, aunque por sí sola no constituye una solución completa, ya que debe complementarse con otras tecnologías, especialmente para la entrada de datos. Idealmente, esta captación de información para entrar en la cadena de bloques debería ser lo más automatizada posible, no solamente por eficiencia, sino para mantener ese carácter de inmutabilidad que diferencia *blockchain*. Ahí entran en juego diferentes tecnologías, desde IoT con diversas formas de sensorización hasta la imagen computarizada. Al final de la cadena se encuentra el móvil, en la mano del consumidor y cargado de múltiples aplicaciones que pueden aportar valor a partir de esa información, por ejemplo, en forma de recomendaciones personalizadas de consumo. La clave, una vez más, es la capacidad de crear valor para la industria y para el consumidor, el valor suficiente para justificar la inversión y el esfuerzo que estos proyectos requieren.

Otro factor que la industria debate es el alcance de ese objetivo de trazabilidad: hasta dónde podemos o queremos mostrar. Más allá de los aspectos prácticos o tecnológicos, la cuestión es si esta transparencia radical resulta necesaria y deseable o hasta qué punto. Por una parte, aunque el consumidor agradece y parece demandar cierto grado de transparencia como concepto genérico, sería necesario validar cuánta información realmente quiere y es capaz de digerir.

Por otra parte, alguna de esa información puede considerarse sensible o estratégica para las compañías. ¿Hasta qué punto cabe esperar que la desvelen abiertamente? ¿Hasta dónde llega el derecho a saber del consumidor frente al derecho a preservar secretos industriales? Encontrar ese punto medio entre los intereses de ambos colectivos representa uno de los ejes en los que trabaja la industria.

Ejemplos de soluciones de trazabilidad

Mientras se van resolviendo todas estas cuestiones, el ecosistema *foodtech* avanza en la propuesta de soluciones de trazabilidad que algunas grandes empresas ya se están animando a probar. Veamos algunos ejemplos:

- **Hispatec.** Esta compañía de referencia en *agtech* tuvo una participación clave en la crisis de los pepinos antes mencionada precisamente gracias a los servicios de digitalización con los que apoya a muchas de las empresas del sector agro. La integración de un sistema de planificación de recursos empresariales (ERP) con los procedimientos industriales y los dispositivos de captura de datos ofrecían una trazabilidad completa, que en el caso de productos del campo incluye desde la semilla hasta tratamientos realizados durante el cultivo y qué productos se emplean para ello, huella hídrica, condiciones de recolección y transporte, central hortofrutícola, condiciones de almacenamiento, transformación-envasado, expedición, huella de carbono, etc. Además, el sistema para explotar esta información *(business intelligence)* resultaba clave para averiguar en tiempo récord que la mercancía exportada no era responsable de ese incidente de seguridad alimentaria.
- **IBM Food Trust.** El gigante tecnológico apostó por *blockchain* para crear su plataforma Food Trust, una red que conecta a los participantes del suministro de alimentos mediante un registro permanente y compartido. Trabaja con la multinacional pesquera española Nueva Pescanova en un proyecto para trazar sus productos del mar, acreditando desde el lote y las características hasta información sobre permisos, licencias, ubicaciones y certificaciones que prueban las prácticas pesqueras y de cultivo responsables, evidencias de sostenibilidad y, por supuesto, seguridad alimentaria.

- **Ripe.io.** Es una de las *startups* pioneras en la utilización de *blockchain*, IoT e IA en su The Blockchain of Food para servir a toda la industria alimentaria. Ha ensayado ya su plataforma para comprobar prácticas de bienestar animal en el sector porcino o para crear una plataforma de créditos agrarios para pequeños productores de caña de azúcar.

- **Trazable.** Esta *startup* valenciana fundada por Pablo Rodrigo y Lucas Salinas tiene un *software* de gestión de la calidad con tecnología *blockchain* que elabora un itinerario de trazabilidad completo de un alimento, desde el campo hasta la mesa. Desarrollado para aportar valor en seguridad y control dentro de la cadena alimentaria, está pensado para empresas de suministro, aunque la información de trazabilidad también está disponible para el consumidor final a través de un QR.

- **Connecting Food.** Es una *startup* francesa que une los conceptos de trazabilidad y auditoría digital. Utiliza los datos alojados en diferentes sistemas, como inventarios, sistemas de ERP, sistemas de facturación, etc., y los integra en su solución basada en *blockchain*. El consumidor puede acceder a la información desde su móvil a través de un código QR impreso en el producto final. Compañías de gran peso en la industria, como la multinacional méxico-estadounidense Mondelēz International, la francesa Lefèvre-Utile (LU) o la estadounidense General Mills, la utilizan.

- **TE-FOOD.** Es un sistema de trazabilidad de alimentos que nació en 2016 y que hoy maneja cuatrocientas mil transacciones diarias de más de seis mil clientes. El Grupo Avícola Rujamar, empresa avícola española que ha apostado por la producción de huevos a partir de gallinas en libertad y no enjauladas, ha utilizado esta tecnología para certificarlo. Permite a los consumidores conocer mediante un código QR datos tan interesantes como: el origen de los huevos, las instalaciones donde se han producido las puestas, el tiempo transcurrido desde las mismas, cuánto tiempo han estado los huevos en el almacén y la edad de la gallina que los puso.

3. Seguridad alimentaria

En 2020 se produjeron en Europa 1168 retiradas de alimentos según el sistema de alertas rápidas de la Agencia Europea de Seguridad Alimentaria, principalmente por presencia de alérgenos, sustancias no autorizadas o en niveles no adecuados, patógenos y, en un 20 % de casos, cuerpos extraños[5], es decir, elementos no deseados en la cadena de producción (como un pequeño cristal desprendido de una botella, un hueso, un pedazo de plástico, etc.), que también pueden ser el motivo para una parada de la producción y una retirada del producto, situaciones costosísimas en términos económicos y de reputación[6]. España fue pionera en la puesta en marcha de un sistema de trazabilidad tras la grave crisis de seguridad alimentaria del denominado Síndrome del Aceite Tóxico (SAT), que surgió en 1981 por el consumo de un aceite de colza que había sido importado para usos industriales y que fue desviado al uso alimentario previa refinación. Este sistema sirvió posteriormente de referencia para desarrollar el sistema de alertas rápidas europeo (SCIRI).

«Los principales motivos por los que se producen retiradas de alimentos son la presencia de alérgenos, principalmente, sustancias no autorizadas o en niveles no adecuados, patógenos y, en un 20 % de casos, cuerpos extraños».

Actualmente la mayoría de los sistemas para analizar y verificar la seguridad en la composición y el estado de los alimentos se basan en análisis de muestras realizados por laboratorios externos cuyos resultados tardan al menos 24 h en conocerse, tiempo que lastra la agilidad y flexibilidad, tan necesarias. Algunos sistemas, como los rayos X, se pueden aplicar en las líneas de procesado, aunque todavía no alcanzan a «ver» el 100 % de los posibles elementos.

¿Cómo pueden ayudar las tecnologías emergentes a conocer o incluso a predecir los atributos de seguridad o calidad de un producto en menor tiempo y con mayor fiabilidad? Incluso, ¿sería posible validar estas condiciones de seguridad en tiempo real en la misma línea de fabricación y para el 100 % de la producción en lugar de hacerlo en muestras aleatorias?

La industria tecnológica está trabajando en esa dirección, que supondría un gran hito en términos de garantías, costes y tiempos. Tecnologías como el análisis por infrarrojo cercano *(Near Infrared [NIR])* o la imagen hiperespectral presentan resultados prometedores, si bien todavía hay desafíos importantes que resolver: en primer lugar, la cantidad enorme de parámetros y de diferentes momentos del proceso de producción en los que hay que medir, que dificulta que haya una única solución que los pueda abordar todos; por otra parte, los niveles de fiabilidad, capacidad y velocidad de los procesos que han de ser suficientes para seguir el ritmo de una línea de producción industrial.

Otros retos de la seguridad alimentaria están relacionados con la vida útil de los productos, por ejemplo, cómo informar sobre la frescura real de los alimentos con unos niveles adecuados de seguridad. Algunos proyectos en el campo de las tintas inteligentes intentan responder a esta cuestión.

Veamos algunos ejemplos de iniciativas que trabajan en estos ambiciosos objetivos:

Lab-to-sample: del laboratorio a la muestra

Este concepto supone un cambio de paradigma en la forma en la que se han estado realizando los análisis hasta la fecha. Como su nombre indica, consiste en llevar el laboratorio hasta el punto donde está la muestra que se va a analizar, sea el campo, un muelle de carga o una factoría. Hay dos empresas que destacan en la medición de la calidad y la seguridad alimentaria en tiempo real que abanderan esta iniciativa:

1. **Nulab.** Nacida en el seno del Centro Nacional de Tecnología y Seguridad Alimentaria (CNTA), la *startup* tecnológica ha desarrollado una solución miniaturizada (NIR portátil) complementada con modelos matemáticos propios para transformar el paradigma *sample-to-lab* a *lab-to-sample*. Su pequeño dispositivo es un laboratorio que se puede transportar fácilmente para establecer controles analíticos o parametrizar indicadores de calidad y salud alimentaria específicos. A partir de ahí los casos de uso son incontables, como la humedad en cárnicos, la vida útil en productos frescos o la cantidad de proteína y grasa en cereales

para fijar la cosecha en el momento óptimo en el que contiene el máximo de nutrientes. Conocer los resultados *in situ* y en tiempo real permite actuar de forma inmediata ante cualquier resultado, agilizando tiempos en casos positivos y minimizando riesgos ante cualquier incidencia.

2. **SwissDeCode.** Desde la tecnología espectroscópica, esta empresa suiza cuenta con una solución destinada a agricultores, fabricantes y otros agentes de la cadena de valor alimentaria para detectar rápidamente las enfermedades del suelo, de los animales y de las plantas, así como la contaminación o adulteración *in situ* de los alimentos.

Visión artificial

Esta disciplina científica permite tomar, procesar y analizar imágenes del mundo real con el fin de producir información que pueda tratar una máquina. Es decir, los equipos son capaces de «ver» y de tomar decisiones rápidas en función de lo que ven. Gracias a la tecnología *machine learning* (la disciplina de la IA que permite a los sistemas aprender), pueden identificar, clasificar y rastrear productos o tareas mucho más finas, como valorar la madurez o el estado de conservación de un producto o identificar un minúsculo cuerpo extraño. Algunas *startups* nacionales e internacionales están trabajando en interesantes proyectos de visión computarizada, como:

- **VisionQuality.** Propone sistemas automáticos para la inspección y clasificación automática de productos en la cadena alimentaria. Por ejemplo, puede buscar y apartar en tiempo real y a alta velocidad elementos que no cumplan los estándares de calidad o incluso que contengan contaminantes no deseados y, según afirma la empresa, revisando el 100 % de la producción.
- **Impact Vision.** Recoge imágenes hiperespectrales de los alimentos desde una cámara montada sobre una cinta transportadora que se procesan para identificar patrones únicos en la composición química relacionados con la calidad de los alimentos. De esta forma, proporciona información en tiempo real sobre los alimentos, como la frescura del pescado, la materia seca de los aguacates o la presencia de objetos extraños.

- **Deep Detection.** La presencia de cuerpos extraños de baja densidad en los productos, como huesos, cartílagos, cristales, plástico, restos de madera, etc., es un auténtico quebradero de cabeza para las empresas alimentarias y puede paralizar toda la producción de una planta e incluso obligar a retirar un lote completo del producto. Para resolver este reto, esta *startup* barcelonesa ha adaptado una tecnología procedente del entorno médico para crear la primera cámara multiespectral para rayos X destinada a la industria alimentaria que es capaz de detectar esos cuerpos extraños invisibles con otras tecnologías. Deep Detection ha patentado esta tecnología y la está testando en varias industrias alimentarias.

Etiquetado inteligente

Citábamos antes esa brecha entre el nivel y el tipo de información que los consumidores desean y lo que se proporciona habitualmente. Y el punto lógico donde se dirigen todas las miradas y las expectativas es el etiquetado de los productos. Muchos esfuerzos se centran en crear etiquetas que aporten lo que los consumidores buscan y que también sirvan de punto de entrada para aportar su opinión o comunicarse con el fabricante y, por medio de esas interacciones, conocerse mejor mutuamente. Estamos hablando de etiquetas inteligentes que pueden ir desde un simple código de barras que se lee mediante un teléfono móvil hasta marcadores visibles o electrónicos con algunas capacidades de detección ambiental que proporcionen pistas sobre el estado real de un alimento.

Encontramos un ejemplo en los proyectos en los que están trabajando dos *startups* españolas, Color Sensing y Oscillum, ambas nacidas de sendos proyectos de investigación de la Universidad de Barcelona y del Parque Científico de la Universidad Miguel Hernández en Elche y cuyo objetivo es ofrecer información del estado real de un producto de una forma más objetiva que una estimación de fechas. Para ello, la empresa española Color Sensing, utiliza un código QR con tintas inteligentes que cambian de color en función de los gases y de otros marcadores que se acumulan en el interior de un envase. El sistema de Oscillium es una etiqueta compuesta de polímeros y sensores químicos que también cambian de color a medida que el alimento evoluciona. Aunque se encuentran en estado de investigación incipiente, en el futuro podrían ser un buen complemento a las indicaciones de consumo preferente y caducidad. Como veremos más adelante, la confusión entre esos dos conceptos y los amplios márgenes necesarios actualmente para garantizar la seguridad alimentaria son factores que, según la FAO, inciden en el problema del desperdicio alimentario[7].

4. ¿Trazabilidad y seguridad en la palma de la mano?

Cuando en 1975 un empleado de Kodak presentó el prototipo de la primera cámara digital, poco podían sospechar los directivos de la líder del mundo de la fotografía —y lo que les costó— que 35 años después millones de personas en todo el mundo lo primero que harían al recibir su plato en un restaurante sería tomar una foto y compartir la instantánea. Tampoco imaginaban que tanto la decoración de los restaurantes como el emplatado de las viandas terminarían adaptándose a esta costumbre, creando conceptos como *foodstagram*.

Hoy los móviles incorporan no solo cámaras, sino GPS, asistente personal, acelerómetros, láser y muchas otras tecnologías que han transformado el modo en el que nos orientamos, consultamos información, jugamos o tomamos fotos o las medidas de nuestro salón. Algunos de los ejemplos vistos en este capítulo tienen una orientación B2B, pero incorporan en sus mapas de producto la posibilidad de que estas tecnologías, estos sensores, algún día puedan incorporarse también en un dispositivo personal o teléfono móvil. Siguiendo el ejemplo de Instagram, ¿podemos anticipar el impacto que tendría en la industria alimentaria o en la restauración?

Ahora imagina que cada persona que se sienta a la mesa de un restaurante recibe su comanda y lo primero que hace es dirigir su móvil de última generación hacia el plato. ¿Qué información podría recibir sobre lo que va a comer? ¿Podrá identificar si lo que le han puesto delante es auténtico atún rojo de almadraba o un primo maquillado con remolacha o si el jamón que le han presentado es auténtico ibérico de bellota y pata negra? Quizás pueda conocer quiénes son las personas que han criado, pescado o cultivado ese alimento; cómo lo han hecho, con qué técnicas; con qué se ha alimentado;

cuántos hidratos, grasas, proteínas, calorías, etc., tiene el filete que se va a zampar, o si el alimento está fresco, en buen estado o en su mejor momento de madurez. ¿Podrá conocer quizás el nivel de terneza de un solomillo antes de pelearse inútilmente con él? Quizás, si la foto no encaja con el plan de nutrición que se ha trazado, una alarma comience a sonar para arruinar ese momento «goxo»[8].

De momento compañías como TellSpec trabajan en sensores capaces de diferenciar, por ejemplo, un filete de lenguado de uno de panga. Por su parte, la británica Eluceda ha creado un pequeño dispositivo portátil para comprobar la autenticidad del *whisky* midiendo su «sabor» electroquímico único.

No sabemos si estas tecnologías alcanzarán un día nuestros móviles, pero sí sabemos que ya no usamos mapas, cámaras ni metros y que unas figuras conocidas como *influencers* son capaces de mover el comportamiento de miles de personas con una sola foto.

CLAVES DE LA SEGURIDAD ALIMENTARIA, TRAZABILIDAD Y TRANSPARENCIA

- La transparencia, una adecuada comunicación de los atributos de autenticidad y la integración de los datos en los sistemas de trazabilidad son cruciales para aumentar la confianza del consumidor y poner en valor las empresas.
- Para lograr la trazabilidad completa hay que profundizar en la interoperabilidad de los sistemas y en la digitalización de todos los eslabones.
- La tecnología *blockchain* se presenta como la gran promesa en el campo de la trazabilidad, aunque aún debe complementarse con otras tecnologías.
- Entre las propuestas *foodtech* más innovadoras en esta categoría destacan dispositivos de testeo rápido *in situ (lab-to-sample)*, visión artificial y etiquetado inteligente.
- Al afectar a toda la cadena de suministro e involucrar múltiples sistemas y parámetros, se trata de áreas complejas que requieren muchas soluciones complementarias, si bien cuentan con un gran potencial para transformar la industria y generar un alto impacto.

14

DESPERDICIO ALIMENTARIO, REVALORIZACIÓN DE ALIMENTOS Y CIRCULARIDAD

«Reducir a la mitad el desperdicio de alimentos per cápita mundial en la venta al por menor y en el ámbito de los consumidores y disminuir las pérdidas de alimentos en las cadenas de producción y suministro, incluidas las posteriores a la cosecha, de aquí a 2030».
Objetivo de Desarrollo Sostenible (ODS) 12.3 (ONU)

1. ¿Por qué tiramos la comida?

En 2011 la Organización de las Naciones Unidas para la Alimentación y la Agricultura (FAO) estimó que un tercio de los alimentos que se producen en el mundo se pierden o se desperdician. Desde entonces, este problema se ha convertido en una preocupación pública, hasta el punto de que se ha incorporado en los Objetivos de

Desarrollo Sostenible de la ONU, especialmente en el 2 (Hambre cero) y en el 12 (Garantizar modalidades de consumo y de producción sostenibles), y en estrategias de la Unión Europea como el Pacto Verde *(Green Deal)* o «Del campo a la mesa» *(«From farm to fork»)*. En total, entre unos y otros tiramos a la basura 1300 millones de toneladas de comida cada año o, lo que es lo mismo, ¡un billón de dólares! (sí, un millón de millones). Quizás este es un buen momento para recordar que son 820 los millones de personas que, al mismo tiempo, están pasando hambre, y no solo en los países en desarrollo, que, por cierto, son precisamente los que más comida tiran, aproximadamente dos tercios del total.

«Tiramos a la basura 1300 millones de toneladas de comida cada año o, lo que es lo mismo, ¡un billón de dólares! Y hay 820 millones de personas que, al mismo tiempo, están pasando hambre».

Y esto, siendo un drama, no es el único aspecto que hay que tener en cuenta. ¿Cuántos recursos utilizados para crear ese alimento estamos tirando con él a la basura? The World Counts ha hecho la cuenta: para poner en la mesa una simple ración de comida se necesitan 10 kg de suelo cultivable, 1.3 l de diésel, 800 g de agua y 0.3 g de pesticidas y se generan 3.5 kg de CO_2. De hecho, entre el 8 y el 10 % de las emisiones mundiales de gases de efecto invernadero están asociadas a alimentos que no se consumen[1].

«Entre el 8 y el 10 % de las emisiones mundiales de gases de efecto invernadero están asociadas a alimentos que no se consumen».

La FAO diferencia entre alimentos perdidos y desperdiciados. Los primeros son los que se descartan entre el momento de la cosecha y las puertas del comercio minorista y suponen un 14 % del total, mientras que los alimentos desperdiciados son los desechados en el supermercado (13 %), en la restauración (26 %) o en los hogares (61 %). Si pusiéramos en fila los alimentos ya producidos que desperdiciamos en un solo año, podríamos dar la vuelta al mundo siete veces.

«Si pusiéramos en fila los alimentos ya producidos que desperdiciamos en un solo año, podríamos dar la vuelta al mundo siete veces».

Los motivos por los que los alimentos no terminan en nuestras barrigas son diversos y afectan a toda la cadena: productos frescos que se desvían de lo considerado óptimo en cuanto a tamaño, forma o color; sobreproducción o desajuste respecto a la demanda; errores de producción; almacenamiento o transporte inadecuado; falta de planificación de las compras y las comidas domésticas; compra impulsiva por efecto de las promociones; envases inadecuados; tamaño estandarizado de porciones en los restaurantes; dificultad para hacer previsiones de ventas tanto en el súper como en los restaurantes o malentendidos respecto a los etiquetados de «consumo preferente». El propio Frédéric Vincent, portavoz de Salud y Política de Consumo de la Comisión Europea, subrayaba este inquietante dato: el 18 % de los europeos no conocen la diferencia entre fecha de caducidad y fecha de consumo preferente. También influyen aspectos sociales o culturales, como el desconocimiento sobre el impacto social, económico y medioambiental del desperdicio, la baja percepción del valor de los alimentos y un estilo de vida ajetreado con prioridades contradictorias.

«El 18 % de los europeos no conocen la diferencia entre fecha de caducidad y fecha de consumo preferente».

Todos y cada uno de estos motivos son grandes señales de SOS clamando por una solución. La buena noticia es que algunos de esos emprendedores de los que hemos hablado, deseosos de generar impacto usando las tecnologías, están ideando numerosos modelos y propuestas de negocio para reducir la pérdida y el desperdicio en todos los segmentos de la cadena de valor del campo a la mesa o, como a mí me gusta decir, «del campo al cubo de la basura».

2. ¿Qué dice la ley del desperdicio alimentario?

El estudio de la FAO de 2011 supuso un fuerte varapalo al poner negro sobre blanco el despropósito del desperdicio alimentario *(food waste)*. Tanto la Unión Europea como EE. UU. y otros países han puesto en marcha medidas legislativas para este objetivo. EE. UU. presentó en 2015 su objetivo de pérdida y desperdicio de alimentos *(Food Loss and Waste Reduction Goal)* en el ámbito estatal para 2030 y en julio de 2021 entró en vigor el Código de Conducta de la Unión Europea sobre prácticas responsables de las empresas y comercialización de alimentos, uno de los primeros resultados concretos de la estrategia «De la granja a la mesa», que incluye compromisos específicos de prevención y reducción de la pérdida y del desperdicio alimentario. Asimismo, en octubre de 2021 el Gobierno español impulsó la primera Ley de Desperdicio Alimentario. En otra línea, China permite a los restaurantes multar a los clientes que tienen «el ojo más grande que el estómago» y se dejan comida en el plato. Más allá de los encomiables esfuerzos de concienciación que realizan la FAO y otros organismos, como el Día Mundial contra el Desperdicio Alimentario (29 de septiembre), es fundamental la existencia de un marco regulatorio que fuerce estos cambios, especialmente cuando se trata de modificar conductas o hábitos muy arraigados o que contradicen tendencias de peso, como la conveniencia. La otra parte de la solución es convertirlos en una oportunidad de negocio.

3. Soluciones *foodtech* al desperdicio y a la pérdida de alimentos

La industria *foodtech* no es ajena a este monumental reto y lo aborda desde diversos ángulos, ya que no hay una solución única que resuelva todos los problemas y motivos del desperdicio que hemos visto antes. Pero si cada segmento de la cadena se aplica en la implantación de algunas de estas propuestas, el impacto final puede ser significativo en la lucha contra el hambre y el cambio climático, además de en el bolsillo de agricultores, compañías y hogares. Si lo ponemos en monedas contantes y sonantes, se ha calculado que por cada dólar que una empresa invierte en la reducción de residuos se ahorra 14 dólares o más[2]. Y los restaurantes ahorran 7 dólares por cada uno que invierten en un programa de disminución del desperdicio alimentario y recuperan la inversión en uno o dos años[3].

Son tres las áreas de actuación fundamentales: prevenir la pérdida y el desperdicio en el origen, redistribuir los excedentes o revalorizarlos para convertirlos en otros alimentos, en ingredientes o en otro tipo de productos. Veamos algunos ejemplos.

Prevenir la pérdida desde el origen

Recordemos que se considera pérdida alimentaria aquellos alimentos que se descartan entre el momento de la cosecha y su proceso hasta la llegada al supermercado, y que suponen un 14 % del total.

- **En el campo (durante y después de la cosecha).** Nos encontramos desde sensores capaces de «oler» cuándo los cultivos o los animales sufren alguna enfermedad (como los desarrollados por la británica RoboScientific) hasta robots cosechadores para suplir la escasez de mano de obra en algunos sectores y evitar que los frutos queden sin recoger (como los de la estadounidense Tortuga AgTech o la onubense Agrobot y su robot recolector de fresas). También existen sistemas predictivos que reducen los desajustes entre la producción y la demanda, como los desarrollados por las citadas ec2ce o Factic.
- **En la cadena de suministro.** Desde EE. UU. la empresa Shelf Engine utiliza tecnología de *machine learning* para ayudar a los supermercados a predecir la demanda que van a tener de productos frescos y además automatiza todo el proceso de pedido en función de esas previsiones. También son muy interesantes proyectos como TotalCtrl, un sistema de gestión de inventario creado por una *startup* sueca que automatiza el seguimiento de las fechas de caducidad de los alimentos, y Spoiler Alert, el primer *marketplace* de excedentes de alimentos que funciona como plataforma B2B puesto en marcha por el Gobierno de EE. UU., que se ha especializado en mover de forma más ágil los excesos de *stock* de los fabricantes (como Campbell Soup Co. o Danone)[4],

colocándolos en una red privada de supermercados de descuento y entidades sin ánimo de lucro. Los esfuerzos encaminados a controlar las diferentes atmósferas en las que se mueven los alimentos para garantizar que mantienen las condiciones óptimas, desde temperatura o humedad hasta presencia de oxígeno, CO_2 u otros gases que indican el estado del producto, sea en el transporte o en el almacenamiento, constituyen otro aspecto fundamental para prevenir la pérdida de alimentos. En ese punto trabajan *startups* como las estadounidenses RipeLocker o Hazel Technologies.

* **Con asistentes para restaurantes.** Desarrollados por *startups* como LeanPath o Winnow, pueden medir, analizar y tomar medidas para reducir el desperdicio en restaurantes. Por ejemplo, gracias a la tecnología de Winnow, la empresa Costa Cruceros ha comprobado que es posible disminuir el desperdicio un 54 % en un trasatlántico de lujo o un 30 % en un hotel.

Aumentar la vida útil de los alimentos

Los consumidores nos hemos acostumbrado a llevarnos productos inmaculados y que las indicaciones de «consumo preferente» o de caducidad sean la garantía absoluta de su seguridad. Sin embargo, los márgenes para establecer esas fechas se están empezando a considerar demasiado estrictos y responsables de una buena porción del desperdicio alimentario. Lograr alargar la frescura de los alimentos o utilizar sistemas que nos permitan comprobar en qué condiciones está el producto de forma fehaciente, independientemente de las fechas, son algunas de las estrategias que buscan dar una vida más larga a los alimentos.

En este campo encontramos iniciativas interesantes que proponen diversas soluciones, como coberturas naturales y comestibles para frutas y verduras (la mitad de lo perdido corresponde a esta categoría), sistemas de visión artificial o biosensores para identificar el estado y el grado de madurez de los alimentos (como los desarrollados por la estadounidense Strella Biotechnology), bioplásticos (como los fabricados por la belga DO EAT!) o el envasado inteligente *(smart packaging),* en el que podemos ver, entre otras cosas, etiquetas con tintas inteligentes que «chivan» el estado real de los alimentos que contienen (como ColorSensing, Oscillum, Ynvisible o Innoscentia). En todos estos casos el reto consiste en ofrecer garantías sanitarias reales.

La israelí Wasteless propone un sistema de precios dinámicos para incentivar el consumo de alimentos a punto de caducar. La demanda se ve influida por múltiples factores que concurren en tiempo real. Su algoritmo analiza cuestiones como qué productos son complementarios o compiten entre sí para recomendar cuándo y en qué medida aplicar un descuento. Actualmente está operativa en 29 establecimientos de Alemania y Polonia. Entre ellos, la cadena italiana IPER ha logrado reducir un 39 % sus mermas por desperdicio gracias a esta herramienta, lo que ha supuesto aumentar un 1.2 % su margen y un 110 % sus ingresos. Estos son otros ejemplos:

- **Mori.** Desde Boston, esta empresa usa proteína de seda para crear una capa protectora en torno a los productos, sean carne, aves o pescado, para ralentizar la deshidratación y el crecimiento bacteriano.
- **Bio2Coat.** Esta empresa catalana ha creado una cobertura natural con la que se envuelven los alimentos a modo de envases comestibles pensados para productos de conveniencia.
- **Apeel Sciences.** Su producto más conocido es una «piel» *plant-based* que se aplica a frutas y verduras para doblar su vida útil. En 2021, adquirió Impact Vision, *startup* de cuya tecnología de imagen hiperespectral hemos hablado en el capítulo anterior. La unión de ambas tecnologías, complementada con capacidades predictivas aportadas por la IA, tiene el potencial de transformar las cadenas de producción, optimizar la distribución y reducir las pérdidas de productos poscosecha. Por ejemplo, será posible crear modelos que identifiquen señales visuales precisas (aunque solo detectables por estos «superojos») para definir las ventanas exactas de madurez para cada pieza de fruta.

De momento estas tecnologías están trabajando para el ámbito industrial, aunque no sería descartable que algunas de ellas terminaran haciéndose un hueco en nuestros móviles. ¿Qué impacto tendrán entonces en el final de la cadena de valor? El supermercado podría sacar a la venta solo los productos en su punto de madurez óptimo o liquidar de forma automática los que están próximos a superarlo. Los consumidores podrían elegir la fruta en un autoservicio sin tocarla. ¿Dejaremos de necesitar al frutero para que nos elija un buen melón? ¿Cómo se tendrá que reinventar este profesional?

Rescatar y revalorizar en nuevos alimentos (u otros materiales)

La revalorización, también conocida como *suprarreciclaje (upcycling)*, es el aprovechamiento de subproductos o residuos para convertirlos en nuevos productos de mayor valor que vuelven a entrar en la cadena de suministro en lugar de engrosar las cifras del desperdicio alimentario. Se considera una de las tendencias *top* de la industria. Con estas técnicas se podrían salvar 13 201 toneladas de alimentos al año, cuyo valor sería de 44 000 millones de euros[5]. ¿Acaso esto no es una enorme abundancia deseando ser aprovechada y gestionada? Veamos algunos ejemplos:

- **Kaffe Bueno.** Es una *startup* biotecnológica danesa que fabrica ingredientes funcionales para cosmética, nutracéuticos y alimentos funcionales a partir de restos de café, como aromas, fibra insoluble rica en proteínas, aceites cosméticos o productos exfoliantes. En 2021 The European Innovation Council le otorgó una subvención de 2.5 millones de euros para construir una biorrefinería de café.
- **Upcycled snacks.** El principal productor de carne de EE. UU., Tysson, retó a su departamento de innovación a encontrar una solución a los kilos de carne de pollo que se desperdiciaban como «recortes». La respuesta fue Yappah!, un *snack* tipo *chip* alto en proteína que encaja perfectamente en otra de las tendencias *top* del mercado: los *snacks* saludables o funcionales. En esta misma línea encontramos Sea Chips, un *snack* proteico y alto en omega 3 y 6 elaborado a partir de las pieles de salmón que se desperdiciaban en una factoría escocesa. Daniel Pawson, un chef con experiencia en varios restaurantes *estrellados*, se propuso emplear técnicas de alta cocina para reintroducir esa valiosa parte del pescado de manera divertida y atractiva. Es el mismo subproducto que utiliza la estadounidense Goodfish en sus *snacks*.

- **Harinas revalorizadas.** Este es un campo enorme en industrias como las de la cerveza, el aceite o la producción de alternativas lácteas, cuyos residuos pueden reconvertirse en harinas con altas propiedades nutricionales para su uso en pasta, bollería o *snacks*.

  Los ejemplos son múltiples: la empresa californiana Planetarians ha sido pionera en este campo y sus harinas altas en proteína procedentes del procesado de aceite de girasol se incorporan en las pastas de marcas como Barilla o Amadori. Actualmente ha desarrollado una línea nueva de trabajo para canalizar estos subproductos al campo de las alternativas cárnicas mediante fermentación. Las estadounidenses Renewal Mill, ReGrained o RISE Products son otros ejemplos.

- **Productos feos.** Tradicionalmente se han derivado hacia la fabricación de zumos y mermeladas, pero existen opciones más innovadoras, como la que propone Anina, una *startup* israelí que fabrica unas preciosas cápsulas a partir de calabacines, zanahorias, remolachas y otros vegetales deshidratados que esconden en su interior una ración completa de comida lista para ser regenerada simplemente con un poco de agua caliente.

- **Reaprovechar los residuos para usos no alimentarios.** Otra forma de revalorizar los alimentos es convertirlos en nutriente para granjas verticales, en fertilizante o en fuente de energía. Por ejemplo, se pueden crear biocombustibles a partir de posos de café u otros residuos, como hacen las *starups* biobean, Blue Sphere, SEaB Power o la extremeña Smallops, y hasta muebles como los de Ottan Studio o vajillas desechables orgánicas.

  También es posible crear bioplásticos a partir de cáscaras de crustáceos (ricas en quitina y quitosano) que se convierten en envoltorios de pescado. Esta sustancia biodegradable que ofrece muchas de las propiedades dcl plástico, salvo su pernicioso impacto, está presente además en insectos, escamas de peces, moluscos y hongos, lo que la convierte en el segundo material orgánico más abundante en la naturaleza después de la celulosa[6].

AGROSINGULARITY Y BLENDHUB
Del subproducto al «ingrediente como servicio»

Los monjes del Monasterio de los Jerónimos de San Pedro de la Ñora introdujeron el pimentón de Murcia en la región en el siglo XVI para aprovechar excedentes de producción de pimientos «bola». Esta técnica centenaria inspiró a Daniel Andreu, Juanfra Abad y Luis Rubio para crear un sistema de secado de vegetales para ingredientes en polvo destinados a una industria del siglo XXI que busca componentes funcionales como aromas y colores naturales, fibras y proteínas vegetales y sustitutivos de aditivos artificiales. Así nació en 2019 Agrosingularity, productor de ingredientes en polvo con un sistema de *hubs* basado en tres pilares: localización en un área de gran producción de vegetales, abundancia de merma o pérdida alimentaria y unidades de transformación para el deshidratado y la conversión en polvo de los alimentos.

El modelo de negocio de Blendhub, fundado por Henrik-Stamm-Kristensen, da una vuelta de tuerca tecnológica más en este proceso de revalorización de subproductos. Además de acercar la producción de ingredientes en polvo a las materias primas o a sus clientes, su red de fábricas portátiles patentada se ofrece en modo pago por uso a empresas de alimentación y proveedores de ingredientes. La compañía ha evolucionado hacia un modelo de negocio más escalable tipo plataforma de servicios *(Food-as-a-Service)* con la que dar a las marcas de alimentación acceso a infraestructuras, tecnologías, servicios y personal especializado de forma flexible para facilitar y agilizar sus procesos de innovación y desarrollo de productos[7].

———

Redistribuir antes que tirar

El 13 % del desperdicio alimentario se produce en los supermercados, el 26 % en la restauración y nada menos que el 61 % en los hogares. ¿Qué soluciones nos ofrece la industria *foodtech* para evitarlo?

- **Plataformas B2B.** Nada menos que 229.1 millones de dólares ha logrado recaudar la estadounidense Imperfect Foods para hacer realidad su servicio de redistribución de alimentos rescatados, que van desde frutas feas hasta excedentes de restaurantes, supermercados o incluso líneas aéreas.
- **Plataformas B2C.** El modelo creado por la belga Too Good to Go consiste en una plataforma que conecta tiendas y restaurantes que liquidan productos que ya no podrán vender con consumidores finales que localizan los *packs* más cercanos a través de una aplicación. Actualmente opera ya en 15 países.

  La zaragozana Encantado de Comerte sigue este mismo modelo, al que incorpora un componente social al reservar una parte de estos *packs* de forma gratuita para familias desfavorecidas. Durante la Cumbre de Sistemas Alimentarios de la ONU celebrada en agosto de 2021 se reconoció como una de las cincuenta mejores pymes del mundo para mejorar los sistemas alimentarios.
- **Matsmart.** Es una de las *startups* de más rápido crecimiento en los países nórdicos, un supermercado *online* que da una alternativa a los excedentes de alimentos con precios reducidos y que lleva recaudados 112 millones de diversos inversores, entre ellos IKEA.
- **Plataformas C2C o entre vecinos.** Tessa Cook y Saasha Celestial-One son hijas de granjeros y de «emprendedores *hippies*», respectivamente. Su idea de crear una aplicación para facilitar que las personas puedan compartir la comida que sobra en su nevera o sus alacenas nació del conocimiento del trabajo y del valor de los alimentos y de un historial de rescate de todo tipo de artículos. Este es el germen de OLIO en 2015, que actualmente está presente en diez mercados de Europa, EE. UU. y Latinoamérica y que comenzó el curso 2021-2022 con una inyección de 43 millones de dólares.

CLAVES DE LA PÉRDIDA
Y EL DESPERDICIO ALIMENTARIO

- Un tercio de los alimentos que se producen en el mundo se pierden o se desperdician, en total 1300 millones de toneladas, equivalentes a un billón de dólares.
- La ONU propone en los ODS reducir a la mitad el desperdicio de alimentos per cápita en todo el mundo. La estrategia «Del campo a la mesa» de la Unión Europea también establece objetivos específicos, que se recogen en la primera Ley de Desperdicio Alimentario de nuestro país.
- Las soluciones en la cadena de suministro pasan por la sensorización, robotización y utilización de técnicas de IA para anticipar y coordinar producción y demanda.
- Nuevos sistemas de *packaging* o de monitorización permiten alargar la vida útil de los alimentos de forma segura.
- En el restaurante se desarrollan soluciones específicas, como los sistemas de gestión de *stock* y asistentes para medir y gestionar el desperdicio.
- La revalorización de residuos o subproductos para reintroducirlos en la cadena alimentaria es una de las estrategias que más oportunidades de innovación está generando, junto con modelos de negocio de economía circular.
- Plataformas B2B, B2C o P2P también forman parte del arsenal de soluciones que la industria *foodtech* propone para redistribuir antes que tirar alimentos.

REFLEXIONES Y RECURSOS

«Jugamos contra reloj. Si no aprovechamos los próximos cinco años, podemos perder esta posición de liderazgo de la industria alimentaria».
María Naranjo, directora de la Industria Alimentaria ICEX España Exportación e Inversiones, E. P. E.

1. De actividad de nicho a industria floreciente

Como hemos visto, la industria *foodtech* ha evolucionado de una actividad de nicho y experimental en sus inicios a un sector floreciente de indudable atractivo por las oportunidades que brinda y por su potencial influencia en muchos aspectos de nuestras vidas. La tendencia que marcan las cifras nos muestra cómo se ha convertido en un foco de innovación para transformar una industria esencial, estratégica y de atracción de capital que se ha multiplicado por 10 en menos de una década.

Además del efecto de arrastre de los ecosistemas pioneros que lideran este movimiento —a los que España busca sumarse—, hay otros factores que lo aceleran, como el marco para la transformación del sistema alimentario dibujado fundamentalmente por los ODS de la ONU y por la Estrategia Food 2030 de la Unión Europea, al que se añade el interés de las diferentes administraciones por contribuir a través de inversiones o iniciativas específicas.

Todo lo anteriormente descrito conforma un caldo de cultivo enriquecido para generar efectos positivos a su alrededor: desarrollo de una industria de alto valor, oportunidades de empleo y atracción/retención de talento especializado, generación de patrimonio nuevo a través de la inversión en activos cada vez más considerados de alto valor, mejora de la productividad de las empresas que abrazan estas innovaciones, acercamiento al cumplimiento de los ODS y a la Agenda 2030, enriquecimiento del tejido productivo, motor de industrias adyacentes, capacidad para optar a grandes programas de financiación europeos, desarrollo de mayor resiliencia de una industria estratégica, etc.

Un estudio de la consultora de investigación IDG Research valoraba el impacto de instalar un *hub* digital en 8283 millones de euros de PIB y en casi dos mil quinientos nuevos empleos[1]. Quizás sea el momento de ponernos a calcular el efecto de impulsar un *hub agrifoodtech* que sea la referencia del sur de Europa y el puente con Latinoamérica y África, de buscar cuáles de estas oportunidades son las más adecuadas para explorar desde nuestro ecosistema y cuáles son las mejores fórmulas de colaboración para perseguirlas.

Para la preparación de este libro he tenido la suerte de contar precisamente con la colaboración, la generosidad, el tiempo y el conocimiento de muchas personas y organizaciones que me han ayudado en este proyecto. Ellas son las protagonistas de esta nueva industria, de este ecosistema que tiene las riendas para manejar esta apasionante oportunidad. ¿Quiénes son? Las *startups,* claro, pero también *hubs* y programas de incubación y aceleración que las impulsan y acompañan en su evolución, los inversores que compran su idea y la apoyan económicamente, los centros tecnológicos o de investigación en los que pueden buscar apoyo especializado, las corporaciones que desarrollan programas de innovación abierta y aportan experiencia y acceso al mercado, algunas ramas de la administración, etc. No es posible mencionarlos a todos en esta obra, pero si estás interesado en conocerlos, puedes encontrar más información en el listado de recursos que he preparado al final de esta sección.

Por este motivo, he querido que este último capítulo recoja un extra de voces expertas sobre algunos de los conceptos que se han manejado a lo largo del libro, una reflexión conjunta que incluya los diferentes matices que enriquecen la visión sobre la industria *food-tech* desde cada uno de sus ángulos; cómo ha de ser esa necesaria colaboración de todos los implicados, qué áreas tienen más potencial y qué tipo de innovación queremos lograr con ella.

2. Colaborar frente a los retos

Los retos son tan grandes y urgentes, la velocidad a la que se suceden los cambios y evolucionan las tecnologías es tan rápida, que, como se decía en el programa La Bola de Cristal, «solo no puedes; con amigos sí». Se impone una nueva forma de trabajar conjuntamente, una sana *coopetición,* una manera de innovar abierta y colaborativa. El término innovación abierta se maneja ya desde principios de la década de 2000, cuando grandes corporaciones, como Procter & Gamble, Eli Lilly and Company o Cisco empezaron a reducir e incluso a deshacerse de sus macrolaboratorios al darse cuenta de que el avance de la ciencia es tan acelerado que la única forma de innovar es colaborando. Y en nuestro territorio *foodtech* entendemos este nuevo paradigma como una nueva mentalidad que impele a salir del despacho para ir al encuentro de otros agentes y puntos de vista, de recursos y talento externos y multidisciplinares con los que cooperar en la generación de conocimiento y nueva propiedad industrial. Con ello se pueden construir capacidades nuevas que permitan resolver retos más grandes que nosotros de forma más ágil, con menor coste y riesgos y llegar al mercado en mejores condiciones, compartiendo esfuerzos y resultados con generosidad.

En esta obra he mencionado varias veces el concepto de *disrupción,* ese momento mágico en el que una innovación, tras superar el exceso de expectativas y el abismo de la decepción, se democratiza y deja obsoleta la forma anterior de hacer las cosas. Y la mejor forma de alcanzar ese punto actualmente en la industria *foodtech* consiste en apoyarse en esas biociencias y tecnociencias de carácter exponencial. Por eso, en este contexto de grandes desafíos de la industria alimentaria, de la sociedad y del planeta, entendemos la disrupción como una forma de resolver un problema o una inquietud con un enfoque radicalmente diferente apoy*ándose* en tecnologías avanzadas para crear nuevas categorías de productos, procesos o servicios que suponen un punto de inflexión, un cambio de paradigma y de modelo de negocio cuya adopción masiva genera un impacto de alta magnitud en la industria y en la sociedad.

De todas las innovaciones que se han ido desgranando en estas páginas, ¿cuáles son las que realmente cambiarán el paradigma de la alimentación?

Junto con mi *comité de expertos particular* —el que nombro en el apartado de Agradecimientos—, hemos logrado identificar las siguientes: la generación de proteínas sin intervención animal, la prolongación de la vida útil de los alimentos (quizás con técnicas de conservación de alta presión), la información accesible y veraz sobre la trazabilidad (todos los activos, procesos, operaciones y transacciones de la cadena de valor) y el valor nutricional de los alimentos (quizás con *blockchain* como principal tecnología), la microbiología del suelo para una agricultura más sostenible, la simulación de organismos vivos para probar principios activos, la edición genética, la nutrición personalizada, la irrupción del mundo *phygital* y los universos virtuales, la robótica de alta precisión y la IA como tecnología transversal que optimiza todas las anteriores.

Hay dos preguntas clave que los inversores suelen realizar cuando deben valorar si un proyecto y el equipo que lo lidera merecen su atención y su capital: ¿por qué ahora? y ¿por qué vosotros? Siguiendo con la analogía en «modo país», podríamos responder: «Porque la oportunidad está ahí fuera. Porque somos un equipo (un país) con las capacidades y habilidades necesarias para ejecutar con eficiencia y para llevar este proyecto al éxito».

3. Recursos del ecosistema *foodtech*

Si el contenido de este libro te ha resultado interesante, a continuación puedes encontrar una serie de recursos[2] que te permitirán mantenerte al día de lo que ocurra en esta industria a partir de ahora o ampliar algunos detalles. Algunos documentos como el glosario *foodtech*, la lista de inversores más activos o de agentes del ecosistema son documentos vivos que se irán actualizando conforme sea necesario. Otros son informes elaborados por algunos de esos agentes, a los cuales quiero agradecer su disposición para compartirlos en este libro.

- *TechFood Magazine*
  www.techfoodmag.com

- Food 4 Future Summit 2021.
  Informe de conclusiones

- Mapa de escenarios de oportunidad *foodtech* (CNTA)

- The Foodtech 500 de *Forward Fooding*

- *Foodtech* (ICEX)

- Agentes del ecosistema

- *Foodtech* (Eatable Adventures)

- Lista de inversores *foodtech*

- Fooduristic'22. Las 50 personas que están liderando el futuro de la alimentación. KM Zero Food Innovation Hub

- Glosario *foodtech*

EPÍLOGO

Beatriz Romanos ha empezado este libro con una cita que hace referencia a un cuento clásico, y me gustaría cerrarlo recordando otro: *La historia interminable,* de Michael Ende. Seguro que tú, lector, recordarás que en el curso de su narración se iban abriendo nuevas posibles tramas que el autor dejaba pendientes con una frase reiterativa: «Pero esa es otra historia y debe ser contada en otra ocasión».

Estoy convencido de que también te habrás encontrado en esa misma situación decenas de veces a lo largo de las páginas de esta obra cuando Romanos deriva a una nueva historia mediante un enlace contenido en una nota al pie o cuando adjunta códigos QR, tan familiares hoy, que te trasladan a otro entorno narrativo. Otras veces has podido ser tú mismo, el propio lector curioso, quien, cada vez que la autora introducía una referencia a una tecnología nueva o a una aplicación disruptiva respecto a otra más conocida, en muchas ocasiones con referencia concreta a la empresa que la está aplicado, has querido satisfacer tu curiosidad acudiendo a Internet para buscar información adicional sobre ello, lo que te ha llevado a visitar decenas de webs explicativas o institucionales, decenas de nuevas historias que son también contadas.

Si has llegado a leer estas líneas, habrás apreciado la útil, completa e ingente información que la autora ha puesto en tus manos. El universo de las *footech* es tan cambiante y extenso, que solo de una forma sistemática, ordenada y, como ahora se dice, *holística,* puede hacerse accesible a los profesionales del ámbito agroalimentario.

Pero el tema en el que se centra su análisis, la capacidad del sistema *foodtech* para cambiar la sociedad enfrentándose a sus múltiples retos mediante la aplicación del nuevo conocimiento a través de empresas disruptivas, sostenibles económica, social y medioambientalmente, no puede acabar con su lectura. Todos los días se genera conocimiento nuevo; solo en el ámbito de la nutrición se publican al año más de treinta mil artículos científicos que aportan análisis, nuevos descubrimientos y nuevas matizaciones que suelen acabar con la reflexión repetida de que se requieren más estudios para comprobar o asentar determinada nueva hipótesis. Cada día estamos más seguros de que es infinito el desconocimiento que tenemos.

El texto cita nuevas tecnologías incipientes de las que ya hay aplicaciones pero de las que se esperan desarrollos tan sorprendentes, disruptivos y transformadores como la mayoría de los ya citados. Hemos aprendido a reprogramar el sistema inmunitario celular introduciendo órdenes formalizadas en ARNm como una de las respuestas a la pandemia vírica, y esa tecnología, unida al CRISPR, los microbiomas presentes en todos los seres vivos, la modulación de los genomas que estudia la epigenética, la nutrición de precisión, la biología sintética, la comunicación bioquímica entre vegetales y otras mil que desconocemos nos llevarán a otra fase explosiva de *foodtech* que alguien nos deberá contar. Y nadie lo hará mejor que la que ya ha demostrado que es capaz de darnos una imagen ordenada y abierta de lo que ya está pasando; una imagen que tú, lector, tienes entre tus manos.

Jorge Jordana
Presidente de la plataforma tecnológica Food forLife y fundador
y miembro del consejo rector del Centro Nacional
de Tecnología y Seguridad Alimentaria (CNTA)

ANEXO
DATOS DE LA INDUSTRIA
FOODTECH

«El coste de la inacción es mayor que el de la acción».
Marta Rivera-Ferre,
especialista en agroecología y coautora
del Informe del Grupo Intergubernamental de
Expertos en Cambio Climático (IPCC)

A lo largo de este libro hemos ido desgranando algunos de los desafíos que afrontamos como personas, como industria, como sociedad, como planeta; todos apuntalados en cifras de diversos organismos oficiales o fuentes del sector (datos históricos, proyecciones, mediciones, etc., unos ampliamente reconocidos y otros sujetos todavía a controversia o a matizaciones). Lo que resulta indudable es que contribuyen a situar estos retos en el centro de la conversación y a inspirar e incluso a urgir soluciones desde múltiples ángulos y disciplinas. Como cierre de este libro, he querido reunir aquí algunos de esos datos para que te ayuden a fijar esa foto poliédrica que da sentido y propósito a esta emergente y fascinante industria *foodtech* que aquí ha quedado descrita.

Industria alimentaria

- En España, alimentación y bebidas es la primera rama manufacturera del sector industrial, con 130 795.8 millones de euros de cifra de negocio, lo que representa el 23.3 % del sector industrial. El agroalimentario contribuye al 10 % del PIB nacional y genera más de 2.8 millones de empleos, directos e indirectos[1].
- En 2021 la inversión en *startups foodtech* se triplicó respecto a 2020 hasta alcanzar 695 millones de euros y posicionarse como la segunda categoría de inversión de *startups,* solo por detrás del transporte[2].

Población, hambre y seguridad de suministro

- Se estima que en 2050 la población del mundo alcanzará los diez mil millones de personas, lo que supondrá un incremento del 70 % de demanda de alimentos; es decir, necesitaríamos 1.7 planetas para alimentar a todas las personas.
- En 2019 había en el mundo 690 millones de personas con problemas de desnutrición crónica. El impacto de la reciente pandemia sumó 132 millones más, hasta 822 millones de seres humanos en 2020, según la FAO.
- Aproximadamente 144 millones de niños menores de cinco años sufren retraso del crecimiento, lo que supone más de uno de cada cinco niños en todo el mundo.

Salud

- Según la Unión Europea, una de cada cinco muertes en la región se puede atribuir a dietas poco saludables.
- Las principales enfermedades no contagiosas más graves están relacionadas con la alimentación: obesidad, diabetes, enfermedades coronarias y cáncer:
  - Entre 1975 y 2016 la prevalencia mundial de la obesidad casi se triplicó. En 2016 el 39 % de la población mundial adulta padecía sobrepeso y el 13 % era obesa.
  - España sufre una epidemia de obesidad infantil que está afectando de forma relevante al desarrollo de los niños y

adolescentes. Un 40.6 % de la población infantojuvenil padece sobrepeso u obesidad[3].

○ Actualmente hay 422 millones de diabéticos en el mundo. Un tercio de la población padecerá diabetes en 2050.

- En EE. UU. los animales consumen el doble de antibióticos que los humanos. Teniendo en cuenta las tendencias actuales, los expertos vaticinan diez millones anuales de muertes por resistencias antimicrobianas (AMR) en 2050, 14 veces más que actualmente[4].

Impacto ambiental

- Aunque la quema de combustibles fósiles en la industria, el transporte o la generación de electricidad[5] sigue siendo la principal fuente de gases de efecto invernadero[6], según la FAO, los sistemas alimentarios contribuyen con hasta el 29 % de este tipo de emisiones, incluido el 44 % del metano, y están teniendo efectos negativos sobre la biodiversidad[7].

- Considerando tanto las emisiones dentro de la granja como las que se generan para fabricar, procesar y transportar sus insumos, la ganadería se asocia a un 14.5 % de los gases de efecto invernadero, así como a otros problemas medioambientales, como el uso de agua o la biodiversidad[8].

- El metano permanece en la atmósfera solo doce años de media, a diferencia del CO_2, que lo hace cientos de años. Además, el metano emitido por la ganadería forma parte del ciclo del carbono en la biosfera y no representa una fuente adicional de carbono en la atmósfera; sin embargo, las fugas de metano de la industria petrolera o el CO_2 derivado de la quema de petróleo son carbono añadido al sistema y, por tanto, causantes del cambio climático a largo plazo[9].

- En los últimos cuarenta años se ha perdido un tercio del suelo mundial. Al ritmo actual, la cantidad de tierras de cultivo aumentará aproximadamente un tamaño superior al Reino Unido y habremos perdido 257 millones de hectáreas (más de diez veces la superficie del Reino Unido) de selva y zonas salvajes[10].

Desperdicio y pérdida alimentaria

- En 2011 la FAO estimó que un tercio de los alimentos que se producen en el mundo se pierden o se desperdician; en total, 1300 millones de toneladas de comida o, lo que es lo mismo, un billón de dólares (1 000 000 000 000).
- Para crear una simple ración de comida se necesitan 10 kg de suelo cultivable, 1.3 l de diésel, 800 g de agua y 0.3 g de pesticidas, y se generan 3.5 kg de CO_2, según The World Counts.

Eficiencia y productividad

Cómo lograr aumentar la productividad sin deteriorar el medioambiente, sin agotar los recursos naturales y mitigando el cambio climático:

- Según la FAO, entre el 77 y el 80 % de la tierra agrícola se utiliza para criar y alimentar al ganado, aunque proporciona un tercio del suministro global de proteínas y el 18 % de las calorías consumidas[11].
- En los próximos cuarenta años necesitaremos producir más alimentos de los que se han producido en el mundo en los últimos ocho mil años.
- El rendimiento de los cultivos de arroz, maíz y trigo ha caído un 5 %[12].
- La FAO prevé que únicamente el 20 % del incremento de la producción en el futuro provendrá de un aumento de la tierra de cultivo; el resto procederá de mejoras de la productividad.

Tendencias y comportamientos de consumo

- En el ámbito global, un 73 % de los consumidores reconocen estar dispuestos a cambiar sus hábitos de consumo para reducir su impacto en el medioambiente[13].
- La población que se declara flexitariana en España pasó del 6.3 % en 2017 al 10.8 % en 2021[14]. En Europa alcanza el 22.9 %. Los motivos se asocian a la salud, el impacto ambiental y el bienestar animal.

Regulación e instituciones

- **ONU.** En 2015 sus estados miembros, en conjunto con ONG y ciudadanos de todo el mundo, definieron 17 Objetivos de Desarrollo Sostenible (ODS), que buscan alcanzar de manera equilibrada el desarrollo sostenible en los ámbitos económico, social y ambiental. Se estableció una agenda internacional para 2030 con esos 17 ODS y las 169 metas que los componen. Entre los ODS se encuentran:
  - ODS 2: Hambre cero.
  - ODS 3: Salud y bienestar.
  - ODS 12: Producción y consumo responsables.
  - ODS 13: Acción por el clima.
  - ODS 15: Vida de ecosistemas terrestres.

Ver el discurso de António Guterres, noveno secretario general de la ONU, sobre la seguridad de acceso a la alimentación.

- **Unión Europea.** Presentó en 2019 el Pacto Verde Europeo, un plan integral para frenar el avance del cambio climático y alcanzar la neutralidad climática en 2030. El Pacto incluye la estrategia «De la granja a la mesa», respaldada por el Parlamento Europeo en 2021, que pretende impulsar una producción y un consumo de alimentos más sostenibles, reduciendo el uso de pesticidas y aumentando la superficie agraria dedicada a cultivos ecológicos. En concreto, contempla:
Disminuir un 50 % el uso y el riesgo de los plaguicidas.
Reducir como mínimo un 20 % el empleo de fertilizantes.
  - Disminuir un 50 % las ventas de los antimicrobianos utilizados en la ganadería y la acuicultura.
  - Alcanzar un 25 % de tierras agrícolas dedicadas a la agricultura ecológica.
  - Reducir en un 50 % el desperdicio de alimentos en 2030.
- **Comité de Supervisión Bancaria de Basilea (BCBS).** Incluye en su programa de estrategias y prioridades para 2021 y 2022 «la valoración, medición y mitigación de los riesgos financieros

relacionados con el cambio climático», junto con el impacto de la digitalización en el modelo de negocio. Según su presidente —y también gobernador del Banco de España— Pablo Fernández de Cos, «los bancos centrales, los reguladores financieros y los supervisores, en el marco de nuestros mandatos de garantizar la estabilidad de precios y la estabilidad financiera, podemos —y debemos— contribuir activamente a las acciones internacionales para luchar contra el cambio climático».

NOTAS

Introducción

1. Panel Internacional sobre el Cambio Climático de la ONU.
2. Intergovernmental Science-Policy Platform on Biodiversity and Ecosystem Services (IPBES). https://www.theguardian.com/environment/2018/mar/26/land-degradation-is-undermining-human-wellbeing-un-report-warns
3. Me he permitido adaptar para esta pregunta el magnífico título del libro de Jesús Pérez *El mundo que sostienes*, que me parece que encierra la clave de este proyecto: qué mundo queremos, qué estamos dispuestos a hacer para sostenerlo y dónde podemos encontrar las herramientas para lograrlo. Te recomiendo indagar sobre este autor, quien, además de reconocidos volúmenes de relatos, cuenta con una pequeña gran historia del comercio electrónico en nuestro país.

Capítulo 1

1. https://intelligence.weforum.org/topics/a1Gb0000001RIhBEAW?tab=publications
2. Ray Kurzweil. *La singularidad está cerca*.
3. Ley empírica formulada en 1965 por Gordon E. Moore, cofundador de Intel, según la cual aproximadamente cada dos años se duplica el número de transistores (y, por tanto, su rendimiento) en un procesador. Se trata de una progresión de crecimiento exponencial, duplicar la capacidad de los circuitos integrados cada dos años. La consecuencia directa de la ley de Moore es que los precios bajan al mismo tiempo que las prestaciones suben. En 26 años el número de transistores en un chip se ha incrementado 3200 veces.
4. https://www.xataka.com/robotica-e-ia/este-es-andrew-ng-el-experto-que-afirma-que-la-inteligencia-artificial-es-la-nueva-electricidad
5. Andreas Kaplan y Michael Haenlein (2019). «Siri, Siri, in my hand: Who's the fairest in the land? On the interpretations, illustrations, and implications of artificial intelligence». *Business Horizons*, 62(1). p. 15-25. https://es.wikipedia.org/wiki/Inteligencia_artificial
6. Una empresa unicornio es una compañía de capital privado (no cotizada) cuya valoración ha superado los 1000 millones de dólares. Este

término se refiere sobre todo a *startups* y/o empresas tecnológicas que han conseguido aumentar su valor en poco tiempo tras un gran crecimiento. Según CB Insights y a fecha de marzo de 2022 hay más de mil unicornios en el mundo. En el puesto n.º8 aparece la primera *foodtech* de la lista, Instacart.

7. Las 5V del *big data* son: volumen, variabilidad, velocidad, veracidad y valor.

8. Datos del informe de la Cámara de Representantes de EE. UU., recogidos por REUTERS.

9. Deloitte Development LLC (2019). *The emerging blockchain economy for food. Blockchain and radical transparency for growth in the food industry.*

10. La tokenización es el proceso mediante el cual el derecho sobre un activo se representa en un registro distribuido (*blockchain*). Dicha representación se concreta en una anotación contable denominada *token digital* que se puede mover, almacenar o transferir.

11. El primer borrador del genoma humano se presentó de forma simultánea por dos grupos independientes, el Consorcio Internacional para la Secuencia del Genoma Humano (CISGH), publicado en la revista Nature y el equipo de J. Craig Venter, publicado por la revista Science el 15 de febrero de 2021, The Sequence of the Human Genome.

12. https://elpais.com/ciencia/2021-06-03/un-consorcio-internacional-secuencia-por-primera-vez-el-genoma-completo-de-un-ser-humano.html

13. Peter H. Diamandis y Steven Kotler. *El futuro va más deprisa de lo que crees.*

14. El ciclo de sobreexpectación *(hype cicle curve)* es una representación gráfica de la madurez, adopción y aplicación comercial de una tecnología específica. El ciclo de expectativas sobredimensionadas de Gartner se compone de cinco fases: 1. Lanzamiento: la presentación del producto o de cualquier otro evento genera interés y presencia en los medios. 2. Pico de expectativas sobredimensionadas: el impacto en los medios origina normalmente entusiasmo y expectativas poco realistas. Es posible que algunas experiencias pioneras se lleven a cabo con éxito, pero habitualmente hay más fracasos. 3. Abismo de desilusión: las tecnologías entran en el abismo de desilusión porque no se cumplen las expectativas. Estas tecnologías dejan de estar de moda y, en consecuencia, por lo general la prensa abandona el tema. 4. Rampa de consolidación: aunque la prensa haya dejado de cubrir la tecnología, algunas compañías siguen experimentando, a través de la «pendiente de la iluminación», para entender los beneficios que puede proporcionar la aplicación

práctica de la tecnología. 5. Meseta de productividad: una tecnología llega a esta fase cuando sus beneficios están ampliamente demostrados y aceptados. La tecnología se vuelve cada vez más estable y evoluciona en la segunda y en la tercera generaciones. La altura final de la meseta varía en función de si la tecnología es ampliamente aplicable o solo beneficia a un nicho de mercado.

15. El aluminio es el metal no férreo más producido en la actualidad.
16. Peter Diamandis (2012). *Abundancia, el futuro es mejor de lo que piensas.*
17. Salim Ismail y otros (2014). Organizaciones *Exponenciales. Por qué existen nuevas organizaciones diez veces más escalables y rentables que la tuya (y qué puedes hacer al respecto).* Singularity University.
18. Peter Diamandis y Steven Kotler (2015). *The Six Ds of exponential organizations.* Bold.
19. Doblin, una consultora de innovación fundada en 1971 por Larry Keeley y Jay Doblin, estableció los diez tipos de innovación. La compañía ahora forma parte de Deloitte. Las tres categorías principales de innovación son: configuración (modelo de negocio, red, estructura y procesos), oferta (rendimiento del producto y sistemas de productos) y experiencia (servicio, canal, marca y compromiso con el cliente).
20. Término que he tomado prestado de la industria de las telecomunicaciones en la que he desarrollado buena parte de mi trabajo y que denomina al operador con una cuota de mercado notablemente superior al resto de los competidores. Habitualmente se trata del operador que ostentaba el monopolio antes de la liberalización del mercado de las telecomunicaciones.
21. Peter H. Diamandis. *A future of Abundance*, TED2012.

Capítulo 2

1. Cumbre sobre los sistemas alimentarios y los ODS. 2021. https://www.un.org/sustainabledevelopment/es/food-systems-summit-2021/
2. Consiste en ofrecer un servicio básico o temporal de forma gratuita como paso previo a la captación del cliente para la versión de pago o *premium.*
3. Es un modelo basado en atraer tráfico de usuarios y visitas mediante contenido o servicios relevantes para los usuarios.
4. Modelo que usa la tecnología como intermediario entre cliente y vendedor.
5. IESE, Harvard Business Review.

Capítulo 3

1. La cantidad de tierras de cultivo aumentará aproximadamente un tamaño superior al Reino Unido, y habremos perdido 257 millones de hectáreas (más de diez veces el Reino Unido) de selva y de zonas salvajes. https://www.nature.org/es-us/que-hacemos/nuestra-vision/perspectivas/futuro-sostenible-2050/

2. Entre los objetivos que establece la estrategia para transformar el sistema alimentario de la UE (Pacto Verde Europeo, estrategia «De la granja a la mesa» y estrategia de biodiversidad) se encuentran: reducir un 50 % el uso y el riesgo de plaguicidas, como mínimo un 20 % el de los fertilizantes y un 50 % las ventas de los antimicrobianos utilizados en la ganadería y la acuicultura, además de alcanzar un 25 % de tierras agrícolas dedicadas a la agricultura ecológica.

3. La alta concentración de nitrógeno de los purines lo hace potencialmente peligroso para las masas de agua de su entorno. Además, en seis años la contaminación atmosférica por las emisiones de los purines (eliminación del nitrógeno en forma de amoníaco) se ha duplicado (se ha pasado de 9500 toneladas en 2012 a 21 000 en 2018, según el registro oficial de contaminantes PRTR).

4. Agrodrone, Inagrosa, Smart Flight y Skydron son algunos ejemplos de compañías especializadas en este tipo de servicios. Entre las *startups* aparecen BioAgro Tecnologies y AgroPestAlert, y también hay empresas integradoras que reúnen todas estas tecnologías y capacidades y las ofrecen como servicio, aportando una capa de valor adicional, como SmartRural, Agrosap, SGS, Visual o Hispatec.

5. Cifras de cooperativa Covides (Vinyes y Cellers) tras la utilización de los sistemas de RawData.

6. Ixorigue ha desarrollado esta solución junto con Barrabés.biz, empresa de innovación nacida en el seno del Pirineo aragonés, HEMAV, una empresa de IA y drones, y Escarpinosa, la asociación de propietarios y ganaderos del Monte de Estós, en el valle de Benasque.

7. Las empresas dedicadas a *animal data* proporcionan *software* y *hardware* (dispositivos) específicamente diseñados para entender mejor al ganado, desde patrones de comportamiento, salud o reproducción hasta aspectos genéticos. Otras empresas interesantes para conocer esta categoría son la española Digitanimal y otras, como Connecterra, especializada en IA para el sector lácteo, TL Biolabs, Advanced Animal Diagnositics y Farmnote.

8. En ecología los términos *eutrofización, crisis eutrófica* y *crisis distrófica* y el coloquial *sopa verde* designan el enriquecimiento excesivo en nutrientes de un ecosistema acuático con entrada de agua restringida,

como un lago, generalmente debido al aporte más o menos masivo de nutrientes inorgánicos que contienen nitrógeno y fósforo. Un ejemplo cercano es el proceso de eutrofización del Mar Menor (Murcia).

9. En 2020 AGCO Corporation, una compañía internacional de equipamiento agrícola, adquirió Faromatics.

10. Algunas previsiones apuntan que la categoría crecerá al 21 % y que podría alcanzar los 9500 millones de dólares en 2027 (Vertical Farming Market to Rear Excessive Growth By 2027. AllTheResearch).

11. Son los ingresos directos y los costes asociados a un modelo de negocio particular expresados por unidad de producto vendido y resultan vitales en todas las etapas de desarrollo de una *startup*.

12. Ante el descenso de capturas en los mares, las piscifactorías ganan protagonismo como alternativa para producir pescado. Sin embargo, el reto se traslada a la obtención de alimento para sustentar esta industria. La cría de insectos se presenta como una alternativa más económica y sostenible que captar ese alimento del propio mar.

13. Lal R. *Soil carbon sequestration to mitigate climate change*. Carbon Management and Sequestration Center, School of Natural Resources, The Ohio State University, OARDC/FAES, 2021 Coffey Road, Columbus, OH 43210, USA.

14. DNV es una entidad independiente que verifica los certificados de captura de carbono a través de su Carbon Neutrality Protocol.

15. Los *tokens* de *blockchain* son representaciones digitales de activos del mundo real.

16. https://www.youtube.com/watch?v=NqbQuZOFvOQ

Capítulo 4

1. Ismail S., Malone M. S. y Van Geest Y. *Organizaciones Exponenciales*.
2. *An introduction to Cellural Agriculture*. 2021. CellAgri.
3. UN FAO (Land Use). Charlotte Lucas Good Food Institute.
4. Según datos del Instituto de Investigación y Tecnología Agroalimentarias (IRTA), mientras que a nivel mundial el valor medio de agua para producir un kilo de carne de ternera es de 15 000 litros, según los cálculos de la Guía en Cataluña el consumo se sitúa alrededor de los 5500 y 7500 litros por cada kilo de carne, unos datos similares al consumo de agua de explotaciones ganaderas de sistemas intensivos holandeses. De toda el agua que se consume, el 90 % es agua verde, es decir, el agua de la lluvia que se ha necesitado para producir los cereales y subproductos de los cereales y oleaginosas de que se alimentan los terneros. El 10 % restante es agua azul, que proviene de ríos, lagos y acuíferos; de

esta manera, la mayoría se utiliza para producir el pienso y solo entre el 1.5 y el 7 % es agua en bebida de los animales.

5. La recomendación de consumo de carne para una dieta saludable por parte de la OMS y de la Agencia Española de Seguridad Alimentaria y Nutrición se sitúa en 400-500 g/semana, de los cuales 200 g corresponden a carnes rojas, es decir, 21-26 kg/año. En España en 2020 consumimos 53.59 kg de carne por persona (datos del Informe del consumo alimentario en España 2020, del Ministerio de Agricultura, Pesca y Alimentación, que incluye el consumo dentro y fuera del hogar).

6. Estas cifras de la FAO son la referencia más comúnmente utilizada, aunque es conveniente tener en cuenta que se trata de estimaciones medias globales y que hay diferencias entre tipologías de ganadería, extensiva e intensiva, y entre regiones. Por ejemplo, países más avanzados (ente ellos, España) suelen arrojar valores inferiores a los citados. Otro aspecto que hay que considerar es el denominado balance neto de las emisiones. Mientras que las emisiones de combustibles fósiles pasan de la corteza terrestre a la atmósfera sin vuelta atrás, las emisiones ganaderas suelen formar parte de ciclos biológicos cerrados a corto plazo. Puedes profundizar en este concepto a través de este vídeo: https://www.youtube.com/watch?v=_4gTZ1Z21XM.

7. Innova Market Insights, 2019.

8. Población formada por los veganos, vegetarianos y flexitarianos. Esta cifra ha pasado del 7 al 13 % desde la primera edición de este informe en 2017 (informe The Green Revolution, 2.ª ed., 2021, de Lantern).

9. https://www.aspca.org/sites/default/files/aspca2018_animal_welfare_labelling_and_consumer_concern_survey.pdf

10. AgFunder New Carnivore.

11. *The Green Revolution*, ed. 2021, de Lantern.

12. Informe *European Food Report for World Vegan Day*, de Veganz, noviembre de 2020.

13. Un estudio de 2021 reveló que entre el 12,8 y el 24.5 % de los entrevistados manifestaban su deseo de reducir o eliminar su consumo de carne por motivos ambientales. Pero este deseo alcanzó el 46-59 % después de recibir información sobre los efectos de la ganadería intensiva en el entorno. Sánchez-Sabaté, R. y Sabaté J. «Consumer Attitudes Towards Environmental Concerns of Meat Consumption: A Systematic Review». International Journal of Environmental Eesearch and Public Health 2019;16.7:1220. Citado en *AgFunder Protein Whitepaper*.

14. Un estudio que cubre EE. UU. y Reino Unido refleja que aproximadamente un cuarto de la población de ambos países se muestra muy o extremadamente a favor de la carne cultivada, porcentaje que asciende

al 35 % después de recibir información al respecto. Szejda, K.; Bryant, C. J.; Urbanovich, T. «US and UK Consumer Adoption of Cultivated Meat: A Segmentation Study». *Foods* 2021;10:1050.

15. En España esta tendencia se confirma: mientras que el 10 % de las personas mayores de 64 años se muestran favorables a comprar carne cultivada, este porcentaje alcanza el 26 % en los jóvenes de 16-24 años. La actitud reacia a este tipo de productos pasa del 51% en los mayores al 34 % en la franja más joven. The Green Revolution, 2.ª ed., 2021, de Lantern.

16. Demanda global de carne 1960-2020 basada en datos de ICM Inc.

17. «Nutrient Intake and Status in Adults Consuming Plant-Based Diets Compared to Meat-Eaters: A Systematic Review». Neufingerl N. y Eilander A. Unilever Foods Innovation Center. *Nutrients,* diciembre de 2021.

18. Tras una salida a bolsa fulgurante en 2019, la compañía ha registrado un importante ajuste de su valoración. El incremento de la competencia, los costes de producción, la complejidad de la cadena de suministro y una cierta desaceleración en el consumo han alejado a la empresa de sus expectativas.

19. *TEA of cultivated meat.* Future projections for different scenarios. Febrero de 2021.

20. *Food for Thought: The Protein Transformation.* Boston Consulting Group and Blue Horizon. 2021.

21. La comoditización *(commodity)* se percibe cuando un cliente basa su decisión de compra únicamente en el precio, ya que considera que los productos o servicios son idénticos a los de la competencia.

22. Es un concepto habitual en el mundo de la computación que define el conjunto de herramientas y tecnologías (generalmente *software*) que funcionan integradas formando una plataforma desde la cual se simplifican o resuelven diferentes problemas. Ejemplos: Microsoft Office con herramientas como Word, Excel, PowerPoint, etc., y, en un teléfono móvil, el código de bajo nivel que controla el dispositivo, el sistema operativo y el *software* que la persona usa para enviar un mensaje o para jugar.

Capítulo 5

1. Impossible Foods ha sido pionera en la utilización de heme, molécula procedente de la raíz de la soja que tiene características similares a la hemoglobina.

2. Según datos de Eat Just publicados en marzo de 2021. En agosto de 2020 había anunciado el hito del equivalente a cincuenta millones

de huevos, por lo que en apenas ocho meses dobló esta cantidad. Quizás por ello no le ha resultado difícil cerrar una ronda de inversión de 200 millones de dólares a principios de 2021, con la que pretende continuar su escalado en *plant-based* y su investigación en el área de *cell-based*. Desde su fundación en 2011, Eat Just ha captado más de 650 millones de dólares. Entre los inversores, además de fondos soberanos como el de Qatar, cuenta con el apoyo del cofundador de Microsoft Paul Allen.

3. El texturizado de soja se obtiene mediante el proceso de extrusión de harina desgrasada de soja, generalmente como subproducto de la obtención del aceite de soja, mientras que el aislado es un producto, generalmente en formato polvo, obtenido de la soja o de otras leguminosas, que contiene al menos un 85-90 % de proteína.

4. Informe «Food for Thought: The Protein Transformation», de Boston Consulting Group y Blue Horizon, marzo de 2021.

5. Informe publicado por Bloomberg Inteligence en agosto de 2021.

6. Informe «EU agricultural outlook 2020-30: yields growth expected for arable crops sector», de la Comisión Europea, 16 de diciembre de 2020.

7. Entre las predicciones para 2030 publicadas por el World Economic Forum en 2018 figura: «Comeremos mucha menos carne, ocasionalmente como un capricho, no como un alimento de primera necesidad. Por el bien de nuestra salud y del planeta». Además lleva a cabo una importante actividad de influencia en relación con el impacto de la ganadería y del consumo de carne en el planeta y las personas, así como las posibles alternativas cárnicas de origen vegetal o de cultivo celular. https://www.weforum.org/search?query=meat y https://www.onegreenplanet.org/news/leaders-at-wef-in-davos-to-europeans-cut-meat-and-dairy-consumption-by-one-third/comment-page-2/

8. La Universidad de Oxford ha publicado diversos estudios sobre los riesgos asociados al consume de carnes rojas y procesados entre 2013 y 2021, entre ellos: «Risks of ischaemic heart disease and stroke in meat eaters, fish eaters, and vegetarians over 18 years of follow-up: results from the prospective EPIC-Oxford study». BMJ. 2019;366: l4897; «Moderate meat eaters at risk of bowel cancer». Papier K. y Knüppel A. 2019 y Papier, K.; Fensom, G. K.; Knuppel, A., et al. «Meat consumption and risk of 25 common conditions: outcome-wide analyses in 475,000 men and women in the UK Biobank study». BMC Med. 2021; 19:53. https://doi.org/10.1186/s12916-021-01922-9.

9. «Reducing food's environmental impacts through producers and consumers». Poore J. y Nemecek T. *Journal of Science,* 2018.

Capítulo 6

1. Chef en el restaurante Great House en Polperro, Cornwall.
2. Del Future Food Studio, que investiga tendencias en alimentación.
3. Crítico gastronómico estadounidense autor de *Taste of Tomorrow*.
4. Cifra basada en proyecciones de mercado que estiman cuotas del 10-22 % en torno a 2035 (AgFunder).
5. Fondo de inversión especializado en *foodtech* y matriz del fondo especializado en proteínas alternativas New Carnivore.
6. Global Data valoró el mercado de carne en 1.3 trillones (billones en la escala europea), en 2020. El fondo especializado New Carnivore de AgFunder, estima un mercado conjunto de carne, pescado, lácteos y huevos, de aproximadamente 3 trillones de dólares (billones, según la escala europea), basado en datos de Kearney, Mordor Intelligence, Global Market Insights y The Busines Research Company.
7. Bill Gates. «Rich nations should shift entirely to synthetic beef». *MIT Review*. 14 de febrero de 2021. https://www.technologyreview.com/2021/02/14/1018296/bill-gates-climate-change-beef-trees-microsoft/
8. Catherine Tubb y Tony Seba. «Rethinking food and agriculture 2020-2030». RethinkX. Septiembre 2019.
9. Estudios manejados: Proteins Insights Pack. Sponshot. 2021; Scientific, sustainability and regulatory challenges of cultured meat. Post M., et al. *Nature Food,* 2020; Cultivated Meat LCA/TEA Report analysis. GFI y GAIA, 2021; To What Extent Are Consumers' Perception and Acceptance of Alternative Meat Production Systems Affected by Information? The Case of Cultured Meat. Mancini M. C. y Antonioli F. US National Library of Medicine National Institutes of Health, 2021; How Do Consumers Perceive Cultured Meat in Croatia, Greece, and Spain? Estudio elaborado por el Future Consumer Lab, Departamento de Ciencias de los Alimentos, Universidad de Copenhague. *Nutrients,* 2021.
10. ¿Cómo se hacen los cálculos y las previsiones? En una industria tan novedosa como la de la carne cultivada no es sencillo realizar proyecciones fiables, tanto económicas como técnicas. Algunas organizaciones, sin embargo, han desarrollado análisis para entender las posibilidades y los riesgos de esta industria emergente sustentándose en argumentos sólidos. Son los denominados Techno-Economic Assessment (TEA). Algunos, de acceso público, han servido de base para elaborar este capítulo: CE Delft/The Good Food Institute, Open Philanthropy Foundation, University of California, Davis.
11. La mayoría de las compañías de carne cultivada están optando por productos alternativos al suero fetal bovino (SFB), habitualmente utilizado como suplemento en los medios de cultivo celular.

12. Informe «An analysis of culture medium costs and production volumes for cultivated meat». Specht L. The Good Food Institute, febrero de 2020, que analiza los costes alcanzables de los principales insumos de materias primas para desarrollar estos componentes y los procesos industriales.

13. La UE define *nuevo producto (novel food)* como el que no han consumido de forma significativa humanos en la UE antes del 15 de mayo de 1997, cuando entró en vigor la primera regulación. Un nuevo alimento puede ser un desarrollo nuevo, un alimento innovador o uno producido con nuevos procesos de producción o tecnologías; asimismo puede ser un alimento que se ha consumido tradicionalmente fuera de la UE (European Comission. Food Safety). https://ec.europa.eu/food/safety/novel-food_en

Capítulo 7

1. El Foro Económico Mundial, más conocido como *Foro de Davos,* reúne a destacados líderes empresariales, políticos y sociales cada año en Suiza.

2. Fuente: The Good Food Institute.

3. El informe «RethinkX Food» calcula que los modernos alimentos desarrollados mediante fermentación de precisión serán diez veces más eficientes que una vaca a la hora de convertir pienso en alimento para personas. Además, estima que la paridad en coste se alcanzará entre 2023 y 2025 y que resultará hasta cinco veces más barata en 2030.

4. Nay K. Public Afaires & Content. Perfect Day. https://resources.perfectday.com/articles/fermentation-the-new-alchemy

5. Catherine Tubb y Tony Seba, *op. cit.*

6. Catherine Tubb y Tony Seba, *op. cit.* Su referencia 16.

7. Catherine Tubb y Tony Seba, *op. cit.* Citado por Nay K. en https://resources.perfectday.com/articles/fermentation-the-new-alchemy. Solo el título de este estudio («La segunda domesticación de plantas y animales») es altamente inspirador y significativo respecto al impacto potencial de la fermentación en la industria de la alimentación.

8. Las ómicas son las ciencias que permiten estudiar un gran número de moléculas implicadas en el funcionamiento de un organismo. En las últimas décadas el avance tecnológico ha permitido el estudio a gran escala de muchos genes, proteínas y metabolitos, lo que ha posibilitado la creación de la genómica, proteómica, metabolómica, transcriptómica, epigenómica, etc.

9. Los sistemas de cribado de alto rendimiento *(High Throughput Screening [HTS])* se emplean en sectores biotecnológicos y químicos (p. ej., la

búsqueda de medicamentos) para procesar un alto número de muestras en un espacio de tiempo limitado. En este caso se aplicarían a cribar microorganismos capaces de tener potencial para llegar a la industria.

10. Catherine Tubb y Tony Seba, *op. cit.*

11. Concepto propuesto por Catherine Tubb y Tony Seba, *op. cit.*

12. El corégono es un pez teleósteo de agua dulce con forma parecida al salmón que habita en las zonas norteñas de América, Asia y Europa.

13. Motif FoodWorks ha solicitado la determinación de su molécula como generalmente reconocida como segura *(Generally Recognized As Safe [GRAS])* por parte de la FDA. Al tratarse de una técnica ya conocida y de usar ingredientes como la levadura *Pichia pastoris,* ya empleada en la producción de enzimas (incluida la famosa heme de Impossible Foods), no necesita superar el trámite de nuevo alimento *(novel food).*

14. Catherine Tubb y Tony Seba, *op. cit.*

15. En algunos países, como EE. UU. o Alemania, se produjeron importantes tensiones en el aprovisionamiento de alimentos como consecuencia del cierre de instalaciones de producción o mataderos afectados por el virus SARS-CoV-2 o en los que era difícil mantener las condiciones de seguridad laboral exigidas por la situación. Algunos países, como China, son altamente deficitarios en la producción de proteínas y dependen de la importación para satisfacer su demanda.

16. El coste de producción de estos modernos alimentos podría reducirse entre el 50 y el 80 % en los próximos años (Catherine Tubb y Tony Seba, *op. cit*).

17. GFI-2021 alternative protein invested capital by region.

Capítulo 8

1. El 23.3 % de sobrepeso y el 17.3 % de obesidad, según Aladino 2019, el Estudio sobre la Alimentación, Actividad Física y Desarrollo Infantil y Obesidad de la Agencia Española de Seguridad Alimentaria y Nutrición (AESAN); y el 37 % según el informe Pasos de la Fundación Gasol.

2. OMS, marzo de 2021. Datos publicados con motivo del Día Mundial de la Obesidad que se celebra el 4 de marzo.

3. Datos de la OMS a febrero de 2022. En la fecha de publicación de este libro las cifras de fallecidos por COVID-19 en el mundo habrán evolucionado (https://covid19.who.int/); sin embargo, mantengo el dato, puesto que la comparación y el impacto en la comprensión del problema me siguen pareciendo válidos.

4. Un 37 % de los consumidores globales indican que han reducido su consumo en los últimos 12 meses, según Innova Market Insights' global Health and Nutrition Survey, 2021.

5. La revalorización o suprarreciclaje *(upcycling)* es el aprovechamiento de subproductos o residuos para convertirlos en nuevos productos de mayor valor que vuelven a entrar en la cadena de suministro en lugar de engrosar las cifras del *food waste*.
6. El proceso enzimático de Better Juice, conocido como *bioconversión*, se diferencia de un proceso fermentativo en que utiliza microorganismos muertos inmovilizados y, en su caso, no modificados genéticamente, según Eran Blachinsky, CEO de Better Juice.

Capítulo 9

1. Amazon's main street grocery battle isn't what you think. Alex Web. Bloomberg Businessweek. 6 diciembre 2021.
2. AWS es una plataforma de computación en la nube que utilizan miles de empresas para ubicar sus sitios y servicios de Internet, desde pequeñas compañías hasta enormes marcas *online*, como Dropbox. Con solo un 12 % de la facturación de Amazon, AWS aporta más de la mitad de los beneficios (Bloomberg). La tecnología conocida como *cloud computing* es una de las bases habilitadora de la explosión de Internet. Su modelo ha sido referencia para otras plataformas, como Microsoft Azure, Google Cloud Platform o IBM Cloud.
3. Informe: «Retail Tech 100: The Tech Innovators Transforming Retail». CB Insights. 2022.
4. Datos de la empresa especializada en servicios inmobiliarios CB Real Estate, citada por CB Insights en *The Next Shipping & Delivery Battleground: Why Amazon, Walmart, & Smaller Retailers Are Betting On Micro-Fulfillment*.
5. Datos ofrecidos por CommonSense.
6. Informe: «Micro Fulfilment Market. An opportunity worth $10 Billion by 2026. *Micro-fulfillment market Forecast to 2026, Research and Markets*», enero 2021.
7. Informe sobre Digitalización de Restaurantes dirigido por Beatriz Romanos para el Basque Culinary Center en colaboración con HIP-Horeca Professional Expo.
8. Los denominados procesos *front-office* son aquellos que involucran a clientes y compradores, mientras que el *back-office* se refiere a todas aquellas tareas relacionadas con la administración de la empresa y la producción de los servicios y productos, como finanzas, contabilidad, almacén o recursos humanos.
9. Según cálculos de la *startup* Maybein, los restaurantes sufren un 15 % de cancelaciones semanales, lo que supone unas pérdidas de hasta 200 000 euros y que un 60 % de la materia prima prevista para esos comensales acabe en la basura.

10. Un 15 % de los clientes ya prefieren pagar a través de una aplicación y crecen al 40 % los que prefieren métodos de pago sin contacto (Restaurant Trends 2022. Oracle).
11. Beatriz Romanos, *op. cit.*

Capítulo 10

1. El último día de 2021, el principal accionista de Glovo, Delivery Hero, tomó el control definitivo de la compañía en una operación sorpresa a través de una ampliación de capital de alrededor de 780 millones de euros.
2. Aunque la propuesta de valor inicial limitaba los tiempos de entrega a 10 minutos, con el tiempo se ha ido relajando hasta el concepto más indeterminado de «minutos». En cualquier caso, un tiempo diferencial respecto a los formatos de entrega en una o dos horas.

Capítulo 11

1. En 2019 el tamaño del mercado mundial de las cocinas fantasma fue de 43 100 millones de dólares. Para 2027 se estima que esta industria crecerá hasta los 71 400 millones de dólares. Solo en EE. UU. hay más de mil quinientas cocinas fantasma. En España el mercado alcanzó 740 millones de euros en 2020 y 900 en 2021, y las previsiones apuntan a 1300 millones en 2023, con crecimientos en torno al 65 % anualmente (datos de Just Eat y Barcelona Culinary Hub).
2. El modelo de negocio de plataforma pone en contacto la oferta y la demanda a través de la tecnología para que puedan relacionarse generando actividad económica. Su valor aumenta a medida que lo hace el número de usuarios (efecto de red).
3. La regeneración de alimentos es el calentamiento de un producto a temperatura de servicio (65 °C) partiendo de la situación de refrigeración (+3 °C), congelación (−18 °C) o envasado rápidamente y de la manera más delicada. Los alimentos de quinta gama son platos ya elaborados, cocinados y envasados. No han de confundirse con los precocinados, ya que no coinciden ni en el proceso de elaboración utilizado ni en el resultado final. Un alimento de quinta gama debe haber seguido una elaboración basada en la cocina tradicional pero haber incorporado técnicas y procesos punteros, como pasteurización y esterilización a bajas temperaturas para conservar el sabor, los nutrientes y las propiedades organolépticas originales sin necesidad de aditivos o conservantes.
4. Se conoce como góndola *premium* o cabecera de góndola a los espacios de mayor visibilidad en los lineales de un supermercado donde suelen colocarse los productos en promoción y que se comercializan a precios más elevados.

5. https://angelinvestorschool.com/archive/4027/
6. Entornos en los que los humanos interactúan social y económicamente como avatares en espacios virtuales tridimensionales, compartidos y persistentes. Suponen una experiencia inmersiva y multisensorial a través de diversos dispositivos y desarrollos tecnológicos en Internet que combinan web 2.0, realidad aumentada, 3D y realidad virtual. El término lo acuñó Neal Stephenson en su novela de ciencia ficción *Snow Crashe*.

Capítulo 12

1. Netflix cuenta con derechos de más de 13 600 títulos, disponibles según los países; por ejemplo, en EE. UU. son 5087 títulos y en España, 1771 (datos de agosto de 2021, según CordCutting: https://cordcutting. com/blog/how-many-titles-are-available-on-netflix-in-your-country/).
2. Encuesta de *Sourcing Journal*. 2019.
3. El término *simbiosis* se aplica a la interacción biológica, a la relación o asociación íntima de organismos de especies diferentes para beneficiarse mutuamente en su desarrollo vital.
4. José María Ordovás es, aparte de director del Laboratorio de Nutrición y Genómica de The Jean Mayer USDA-Human Nutrition Research Center on Aging de la Universidad de Tufts de Boston (EE. UU.), uno de los mayores expertos en nutrigenómica y nutrición de precisión en el ámbito internacional.
5. *Diet, Nutrition and The Prevention of Chronic Diseases*. Organización Mundial de la Salud, 1990.
6. Según este informe, estas enfermedades producen 11 millones de muertes y la pérdida de 255 millones de años de vida cada año (Health effects of dietary risks in 195 countries, 1990-2017: a systematic analysis for the Global Burden of Disease Study 2017. Lancet. 2019;393 (10184):1958-1972).
7. *Skills* son las funcionalidades adicionales que se pueden instalar en un asistente de voz tipo Alexa (el equivalente de las aplicaciones que se instalan en los móviles).
8. Markets & Markets habla de un mercado de 8200 millones de dólares en 2020, que se duplicaría en apenas 5 años.
9. *Upload* es una serie de ciencia ficción creada por Greg Daniels que plantea la posibilidad de que los humanos pueden «subirse» a una vida virtual de su elección después de la muerte. Además de divertida, incluye toda una serie de hipótesis sobre la forma en la que nos alimentaremos que merece la pena buscar en sus episodios.

Capítulo 13

1. En 2017 una investigación del CSIC en Barcelona detectó que casi el 40 % del pescado etiquetado como atún rojo en el canal mayorista en realidad no lo era según su ADN. El fraude se mantenía en el resto de la cadena (distribuidores y restaurantes). El 73 % de las sustituciones consistían en hacer pasar otras especies por atún rojo. https://rdcsic. dicat.csic.es/index.php/agroalimentacion-2/119-proyectos/410-la-sustitucion-de-especies-de-atun-un-efecto-en-cadena
2. *Transparency Trends: Omnichannel Grocery Shopping From the Consumer Perspective.* FMI-The food Industry Association and Label Insight, 2020.
3. *The Transparency Imperative: Product Labeling from the Consumer Perspective.* Food Marketing Institute Label Insight, 2018.
4. Consumer emerging blockchain economy for food. Deloitte Development LLC, 2019.
5. Fuente: RSA/EFSA.
6. Los costes de la retirada del producto proceden de: pérdida de valor de la marca, además del coste directo en marketing o la compensación para restablecer la confianza; pérdida de ingresos y ventas durante 1-3 meses aparte del coste directo de la recompra de listados/espacios en las estanterías, y aumento de los gastos generales debido a la parada de las líneas de producción, la ocupación de los almacenes, los materiales desechados, los productos acabados y los costes de mano de obra. (fuente: Deep Detection).
7. Cerca del 10 % del desperdicio alimentario está relacionado con el etiquetado de la fecha de los alimentos, según la OCU.
8. Gracias, Dabiz Muñoz, por acuñar este término que hemos abrazado quienes te admiramos y disfrutamos con tu comida y con tus vídeos, para definir un momento de sabrosa gula indulgente.

Capítulo 14

1. Según estimaciones de la ONU recogidas en el Índice de Desperdicio de Alimentos 2021.
2. Datos del Instituto de Recursos Mundiales (WRI) y del Programa de Acción sobre Residuos y Recursos (WRAP) tras evaluar los datos de costes y beneficios de 1200 centros de trabajo de setecientas empresas de 17 países.
3. Clowes A. (WRI), Hanson C. (WRI) y Swannell R. (WRAP). The business case for reducing food loss and waste: restaurants. A Report on Behalf of Champions 12.3 (Estudio desarrollado en 114 restaurantes en 12 países).

4. Los excesos pueden deberse al excedente de producción por una inadecuada predicción de la demanda, a la acumulación de productos obsoletos (que se han discontinuado o están fuera de temporada) o a productos de vida útil limitada.
5. *Products from Food Waste Market*. Future Market Insight, 2019.
6. https://www.intelligentliving.co/seafood-shell-waste-biodegradable-plastic/
7. Si has revisado la sección de elementos de exponencialidad de los capítulos anteriores, verás que Blendhub responde a varios de ellos: propósito transformador (distribución de alimentos justa y eficiente), conexión con la abundancia (desperdicio alimentario), uso de tecnologías y atributos exponenciales (*software* en la nube, algoritmos y cuadros de mandos) y creación de infraestructuras para que otros puedan usarlas a demanda y de forma flexible (activos apalancados).

Reflexiones y recursos

1. IDG Research. «Madrid Hub Digital™ 2021».
2. Si tienes información que pueda ayudar a enriquecer estos recursos, eres un inversor, un agente del ecosistema o una *startup*, y tienes interés en que tu proyecto aparezca, puedes escribirme a info@techfoodmag.com.

Anexo

1. Informe anual de la Industria Alimentaria Española, 2020-21. Ministerio de Agricultura, Pesca y Alimentación.
2. Informe «Food Tech in Spain». ICEX, 2022.
3. Aladino 2019. Estudio sobre alimentación, actividad física, desarrollo infantil y obesidad. Agencia Española de Seguridad Alimentaria y Nutrición, 2019.
4. FDA (Animal-consumed Antibiotics), IMS Health (Human Consumed Antibiotics).
5. Estos tres sectores suman el 60 % del total de las emisiones. Inventario nacional de emisiones de gases de efecto invernadero: Informe resumen. Edición 1990-2020. Marzo de 2022. Ministerio para la Transición ecológica y el Reto Demográfico.
6. En las últimas décadas las emisiones de CO_2 procedentes de la combustión de combustibles fósiles y de los procesos industriales han generado alrededor de más de tres cuartos del aumento total de las emisiones de gases de efecto invernadero (GEI). IPCC, 2014: Cambio climático

2014: Informe de síntesis. Contribución de los Grupos de trabajo I, II y III al Quinto Informe de Evaluación del Grupo Intergubernamental de Expertos sobre el Cambio Climático (Equipo principal de redacción, R. K. Pachauri y L. A. Meyer [eds.]). IPCC, Ginebra, Suiza.

7. António Guterres, secretario general de las Naciones Unidas. Informe de Políticas sobre las Repercusiones de la COVID-19 en la Seguridad Alimentaria y la Nutrición. Junio de 2020.

8. Charlotte Lucas GFI-citando UN Livestock's Long Shadow.

9. Informe «La ganadería y su contribución al cambio climático». Amigos de la Tierra y Basque Centre for Climate Change, octubre de 2020.

10. https://www.nature.org/es-us/que-hacemos/nuestra-vision/perspectivas/futuro-sostenible-2050/

11. UN FAO (Land Use) (Charlotte Lucas GFI) y FAO, Charha House, Poore and Nemeck, WWF.

12. Informe del Grupo Intergubernamental de Expertos en Cambio Climático (IPCC) ONU, 2021.

13. *Tendencias de consumo de la industria alimentaria*, Ernst & Young, octubre de 2019.

14. Informe «The Green Revolution. Edición 2021», de Lantern.

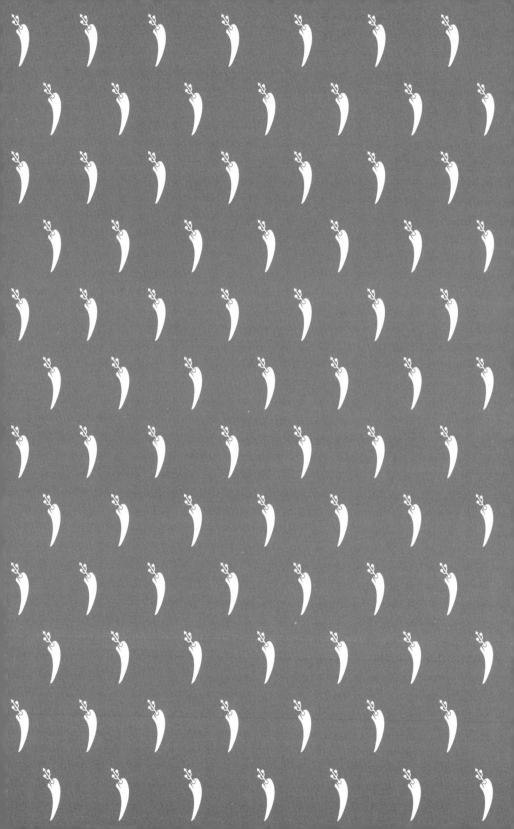